Edith Glumpler
Ernst Apeltauer

Ausländische Kinder lernen Deutsch

Lernvoraussetzungen

Methodische Entscheidungen

Projekte

Cornelsen
SCRIPTOR

Bild- und Quellennachweis

S. 25: Akademie für Lehrerfortbildung Dillingen (Hg.), Modellversuch Ausländerpädagogik, Bd. 2, S. 249
S. 26/27: FWU, Bilinguale Materialien Sachkunde 4, Bestell-Nr. 700294
S.28: Peter Kühn, Mein Schulwörterbuch, Bonn (Dümler) 1994, S. 162
S. 28: Richard Scarry, Mein allerschönstes Wörterbuch. München/Zürich (Delphin) 1971, S. 37; © 1963 Western Publishing Co., Inc, © 1980 Richard Scarry
S. 58: Alle lernen lesen, Bochum (Kamp), S. 4/5
S. 60: Monika Nehr/Karin Birnkott-Rixius/Leyla Kubat/Sigrid Masuch, In zwei Sprachen lesen lernen - geht denn das? Weinheim (Beltz) 1988, S. 20
S. 62: Christa Röber-Siekmeyer, Die Schriftsprache entdecken, Weinheim (Beltz) 1993, S. 111
S. 63: Jürgen Reichen, Lesen durch Schreiben, in: Kurt Meiers (Hg): Fibeln und erster Leseunterricht, Bd. 1, Frankfurt am Main (Arbeitskreis Grundschule)
S. 66: Gerlind Behlke/Martin Geck, Rumpelfax, Berlin (Cornelsen) 1996, S. 42
S. 71: Rudolf Krüger, Klassenräume für Schüler und Lehrer, Braunschweig (SL) 1987, S. 35
S. 73: Wielki Ilustrowany Walt Disney Slownik niemiecko-polski, Lauf (delta), S. 51

Gedruckt auf chlorfrei gebleichtem
Papier ohne Dioxinbelastung der Gewässer.

Deutsche Bibliothek – CIP-Einheitsaufnahme
Glumpler, Edith:
Ausländische Kinder lernen Deutsch: Lernvoraussetzungen, methodische Entscheidungen, Projekte / Edith Glumpler. – Berlin: Cornelsen Scriptor, 1997
(Lehrer-Bücherei: Grundschule)
ISBN 3-589-05031-4
NE: Apeltauer, Ernst

Dieses Werk berücksichtigt die Regeln der reformierten Rechtschreibung und Zeichensetzung.

4. 3. 2. 1. ✓ Die letzten Ziffern bezeichnen
2000 99 98 97 Zahl und Jahr des Drucks.

Herstellung/Satz: Kristiane Klas, Frankfurt am Main
Umschlaggestaltung: Studio Lochmann, Frankfurt am Main
Druck und Bindung: Clausen & Bosse, Leck
Printed in Germany
ISBN 3-589-05031-4
Bestellnummer 50314

Inhalt

Einleitung

Dass alle Kinder in der Grundschule *Deutsch lernen* sollen, bestätigen uns die Lehrpläne und Richtlinien, die Stundentafeln, die Schulbücher und nicht zuletzt die umfangreiche sprachdidaktische Fachliteratur für den Primarbereich. Sie sollen lesen lernen und rechtschreiben üben, Märchen und Sagen hören und nacherzählen, Vergnügen an der selbstständigen Lektüre von Geschichten und Büchern entwickeln, eigene Texte verfassen, Kenntnisse über deutsche Grammatik erwerben, lernen sich mit sprachlichen Mitteln selbst darzustellen und sich mit anderen auseinander zu setzen und vieles mehr.
Viele Grundschullehrpläne scheinen vorauszusetzen, dass das Fach Deutsch oder Sprache in der Grundschule nur in Klassen unterrichtet wird, in denen Deutsch für alle Kinder Erstsprache ist. In einer Reihe von Lehrplantexten ist sogar noch von *muttersprachlichem Unterricht* die Rede, wenn Deutschunterricht gemeint ist. Die Grundschulstatistiken des Bundesbildungsministeriums machen uns allerdings deutlich, dass diese Voraussetzung seit rund drei Jahrzehnten nicht mehr gegeben ist. Viele deutsche Grundschulklassen sind heute mehrsprachige Klassen, in denen Kinder aus verschiedenen Ländern und Kulturen miteinander lernen.
Für die Lehrerinnen und Lehrer, die in diesen Klassen unterrichten, entsteht dadurch eines der für Schulsysteme mit Jahrgangsklassen typischen Bezugsnorm-Probleme: *Wer ist die Zielgruppe ihres Deutschunterrichts?*

- ❑ Nur die deutschen Kinder der Klasse, für die Deutsch tatsächlich Erst- und Familiensprache ist?
- ❑ Auch die Kinder mit anderen Familiensprachen, die vor der Aufnahme in eine deutsche Grundschulklasse mehr oder weniger gut Deutsch gelernt haben, jedoch in der Regel nicht über den gleichen Sprachstand und Wortschatz verfügen wie gleichaltrige deutsche Kinder?
- ❑ Und was ist mit den deutschen Aussiedlerkindern, deren Familiensprache eigentlich Deutsch sein müsste, die aber aus bekannten Gründen sehr viel besser russisch, polnisch oder rumänisch sprechen?

Die grundschulpädagogische und -didaktische Fachliteratur, in der Lehrerinnen und Lehrer Anregungen für die Planung und Gestaltung des eigenen Sprachunterrichts finden können, trennt – ebenso wie die Lehrpläne – meist zwischen monolingualen Ansätzen und speziellen Berichten und Arbeitshilfen, die sich auf die Sondersituation in der ausländischen Klasse konzentrieren. Sie lässt sich einteilen in

a) Forschungsergebnisse zum Schriftspracherwerb und daraus abzuleitende didaktische Empfehlungen für die Zielgruppe der einheimischen Kinder mit deutscher Erstsprache,

b) Falldarstellungen, Tagebücher und Projektberichte von Lehrerinnen und Lehrern, die für „ihre" jeweilige mehrsprachige oder ausländische Klasse spezifische didaktische und methodische Konzepte und Arbeitsformen entwickelt haben,
c) Darstellungen der Konzepte und Arbeitsergebnisse von Modellversuchen, die auf Grund ihrer spezifischen Arbeitsbedingungen (gute Personalausstattung, Beschränkung auf homogene Zielgruppen bestimmter Nationalität etc.) nur bedingt auf die Alltagspraxis anderer Schulen übertragbar sind.

Die meisten Konzepte, die sich auf die sprachliche Förderung und kulturelle Eingliederung ausländischer Kinder in Deutschland konzentrieren, stammen aus einer Zeit, als ausländische Migrantenkinder und deutsche Aussiedlerkinder in der Regel noch in besonderen Sprachfördergruppen und Klassen unterrichtet und auf die Anforderungen des deutschen Schulsystems vorbereitet wurden, bevor sie in deutsche Regelklassen überwiesen wurden. Die Zahl dieser besonderen Fördermaßnahmen für ausländische Kinder hat im letzten Jahrzehnt deutlich abgenommen. Eine Zunahme spezieller Eingangsklassen war nur vorübergehend an den Schulen zu verzeichnen, in deren Umfeld sich viele Spätaussiedlerfamilien niederließen.

Seitdem wir an der Integration behinderter Kinder in die Klassen der Regelgrundschule arbeiten, ist der Typ der besonderen Klasse für ausländische und ausgesiedelte Kinder mit sprachbedingten Lernschwierigkeiten zu einem Anachronismus geworden. Ihre Integration in die deutsche Regelklasse wird zum Normalfall. In der Folge sind deutsche Kinder in den deutschen Klassen bestimmter Wohnviertel zu einer sprachlichen Minderheit geworden.

Die meisten Lehrerinnen und Lehrer haben inzwischen ihre persönliche Form des Umgangs mit mehrsprachigen Grundschulklassen gefunden. Die Bandbreite der Lösungen reicht von sorgfältiger Differenzierung der sprachlichen Lern- und Förderangebote bis zur schlichten Vernachlässigung der Kinder, die mit den sprachlichen Anforderungen des Lernangebots und dem durchschnittlichen Lerntempo ihrer Klasse nicht mithalten können. Wir finden in der grundschuldidaktischen Literatur aber bisher kein Werk, in dem systematisch eine *Konzeption des Grundschulunterrichts für mehrsprachige Klassen* dargestellt wird.

Wenn wir in diesem Band den Versuch unternehmen eine solche Konzeption des Grundschulunterrichts für mehrsprachige Klassen zu entwickeln, geht es uns darum

- ❏ die Ziele eines Sprachunterrichts in der Grundschule zu definieren, der nicht auf gemeinsamen altersgemäßen Kenntnissen des Deutschen als Erst- oder Muttersprache aufbauen kann,
- ❏ die Inhalte zu benennen, die Kinder zur Erschließung ihrer Lebenswelten mit Hilfe von Sprache motivieren,
- ❏ methodische Entscheidungen zu begründen, die fächerübergreifende Konsequenzen für die Planung und Gestaltung von Grundschulunterricht haben, obwohl unsere Argumentation vom Fach Deutsch ausgeht,

- Kriterien für die Auswahl und für die Produktion von Materialien und Medien für die Arbeit mit mehrsprachigen Klassen vorzustellen.

Wir entwerfen eine solche Konzeption auf der Grundlage gemeinsamer schulpraktischer Erfahrungen, aber aus der Perspektive verschiedener Fächer und universitärer Disziplinen: Wir haben beide in der Grundschule mehrsprachige Klassen unterrichtet. Wir sind beide in der Lehrerfortbildung tätig, bilden beide an unseren jeweiligen Universitätsstandorten zukünftige Lehrerinnen und Lehrer aus und begleiten die schulpraktischen Studien unserer Studentinnen und Studenten an den regionalen Praktikumsschulen, allerdings mit jeweils unterschiedlichem fachlichem Anspruch: Edith Glumpler ist Grundschulforscherin und beschäftigt sich seit langem mit der Förderung ausländischer und ausgesiedelter Kinder. Ernst Apeltauer vertritt das Fach Deutsch als Zweit- und Fremdsprache. Er ist angewandter Linguist und Spracherwerbsforscher.
Dass in vielen Übergangs- und Förderklassen, in denen Ausländer- und Aussiedlerkinder getrennt von deutschen Kindern auf die Integration in eine deutsche Regelklasse vorbereitet werden, differenziert und systematisch gearbeitet wird, wissen wir, weil wir seit den 80er Jahren in solchen Klassen Schulpraktika durchführen. Dennoch sind wir der Auffassung, dass die sprachliche Förderung von Kindern in der Grundschule am besten in einer deutschen Regelklasse gewährleistet werden kann, in der ausländische und Aussiedlerkinder gemeinsam mit einheimischen deutschen Kindern lernen. Dies gilt allerdings nur unter der Voraussetzung, dass der individuelle Lernweg jedes einzelnen Kindes, des deutschen wie des ausländischen, dort angemessen unterstützt und begleitet wird. Diese Auffassung wird durch Ergebnisse der Spracherwerbsforschung unterstützt, die wir im ersten Kapitel dieses Buches zusammenfassen.
Eine Konzeption, die an kindlichen Spracherfahrungen und an den außerschulischen Lernerfahrungen jedes einzelnen Kindes ansetzt, stellt hohe Anforderungen an die diagnostischen Kompetenzen und an die didaktische und methodische Kreativität von Lehrerinnen und Lehrern. Denn die Entscheidung sprachliches Lernen als individuellen Entwicklungsprozess des Kindes zu begleiten, zu fördern und bei Bedarf auch zu steuern, ist gleichzeitig ein Abschied von herkömmlichen Lehrgangsmustern, Fibeln und Sprachbüchern und den systematischen Orientierungen und praktischen Hilfen, die sie für die Arbeit in der Jahrgangsklasse anbieten. Bücher für Lehrerinnen und Lehrer können sprachwissenschaftliche Grundlagen und didaktische und methodische Anregungen, aber keine Handlungsanweisungen für die Arbeit mit *den* ausländischen Kindern in *der* mehrsprachigen Grundschulklasse vermitteln. Dazu sind die Anforderungen der Schulpraxis und auch die bildungspolitischen Vorgaben zu unterschiedlich.
Kompetente Entscheidungen über geeignete Lernangebote für die eigene Klasse und über individuell abgestimmte Lernhilfen für das einzelne Kind können nur im pädagogischen Alltag getroffen werden. Auch für die Entwicklung der deutschen Grundschule zur guten Schule für die Kinder einer multikulturellen Gesellschaft gilt der Satz: *Neue Wege entstehen beim Gehen.*

Erst- und Zweitspracherwerb

Wie lernen Kinder Sprachen?

Grundkenntnisse über den Verlauf kindlicher Sprachentwicklung sind Bestandteil des professionellen Handlungswissens von Lehrerinnen und Lehrern. Bisher werden in der ersten und zweiten Ausbildungsphase jedoch häufig nur Ergebnisse der Spracherwerbsforschung vermittelt, die sich auf die Arbeit mit einsprachigen *(monolingualen)* Kindern beziehen. Wir ergänzen daher nachfolgend in Stichpunkten die Erkenntnisse, die für die Arbeit mit zweisprachigen *(bilingualen)* und dreisprachigen *(trilingualen)* Kindern von Bedeutung sind. Weiterführende Hinweise auf Ergebnisse der Erst- und Zweitspracherwerbsforschung wurden in den Einführungen von Ernst Apeltauer (1987 und 1997) zusammengefasst.

1. Die Erstsprache ist nicht immer die Muttersprache

Jedes Kind, das unter normalen Bedingungen aufwächst, eignet sich im Verlaufe weniger Jahre die Sprache seiner Umgebung an. Es erwirbt eine erste Sprache. Diese Sprache ist in der Regel auch, aber nicht immer, die Sprache seiner Mutter. Für unseren Arbeitszusammenhang ist dies von Bedeutung, weil Migrantenkinder, deren Mütter in Deutschland berufstätig sind, häufig von deutschen Tagesmüttern oder in Krippen und Kindertageseinrichtungen betreut werden. Wir können daher nicht immer davon ausgehen, dass ausländische Schulanfänger die Sprache ihrer Mutter (zum Beispiel Türkisch, Griechisch, Spanisch, Kroatisch oder Italienisch) in vergleichbarer Weise beherrschen wie gleichaltrige deutsche Kinder Deutsch. Selbst wenn eine Mutter ihre Herkunftssprache im häuslichen Alltag noch gebraucht, bedeutet dies nicht, dass diese Sprache auch die Erstsprache ihres Kindes ist, also die Sprache, in der es am liebsten und häufigsten spricht und in der es über den größeren Wortschatz verfügt.
Der Begriff *Muttersprache* wird daher in der Zweitspracherwerbsforschung und der ihr verpflichteten Sprachdidaktik zurückhaltender verwendet als in Richtlinien und Lehrwerken, die sich auf die Begrifflichkeit monolingualer Sprachlehrtraditionen berufen. Wir werden deshalb künftig neben der Bezeichnung Muttersprache die Begriffe *Erstsprache* oder *starke Sprache* verwenden um die Sprache zu bezeichnen, die ein Kind im Vergleich zu anderen Sprachen am besten beherrscht. Mit dem Begriff *Familiensprache* verweisen wir auf die Sprache, in der im häuslichen Umfeld gesprochen wird.

2. Der *gleichzeitige* Erwerb zweier Sprachen

Wächst ein Kind in einer Familie auf, in der die Mutter eine andere Sprache spricht als der Vater, kann dies den gleichzeitigen Erwerb beider Sprachen zur Folge haben. Wir sprechen in diesem Zusammenhang auch von *primärem Bilingualismus.*
In der Regel lernen jedoch auch solche Kinder eine Sprache selbst dann besser als die andere, wenn sich die Eltern um einen ausgewogenen Gebrauch beider Sprachen bemühen (vgl. LEOPOLD 1939/1949). In der Zweitspracherwerbsforschung wird deshalb zwischen der *starken* und der – weniger ausgeprägten – *schwachen* Sprache eines Kindes unterschieden (vgl. KIELHÖFER/JONEKEIT 1983, S.13). Spricht in einer binationalen und bilingualen Ehe ein Elternteil eine in der Umgebung der Familie hoch bewertete Sprache, ist die Wahrscheinlichkeit groß, dass sich diese Sprache auch als starke Sprache des Kindes durchsetzt. In Deutschland wird dies normalerweise Deutsch sein. In den Wohnvierteln der Minoritäten könnte jedoch ebensogut Türkisch oder Russisch zur starken Sprache eines Kindes werden.
In Ausnahmefällen lernt und beherrscht ein Kind beide Sprachen gleich gut. Nur dann sprechen wir von *balancierter Zweisprachigkeit* (vgl. BAETENS-BEARDSMORE 1982, S. 7 ff.).
Primäre Zweisprachigkeit kann auch durch ständigen Wechsel der Betreuungspersonen gefördert werden, wenn diese unterschiedliche Sprachen sprechen (z.B. durch den Wechsel zwischen der Mutter, älteren Geschwistern, einer Tagesmutter und den Erzieherinnen in deutschen Kindertagesstätten). Erhalten Kinder unter solchen Voraussetzungen zu wenig sprachliche Anregung und Förderung, kann sich ihre sprachliche Entwicklung verzögern. Für solche Verzögerungen wurde der – sprachpsychologisch umstrittene – Begriff *beidseitige Halbsprachigkeit* geprägt. Die davon betroffenen Kinder haben zwar gelernt sich in beiden Sprachen verständlich zu machen. Sie verfügen jedoch in keiner der Sprachen über eine altersgemäße Sprachkompetenz.

Werden derartige individuelle Entwicklungsverzögerungen in der Schule nicht erkannt und durch gezielte Förderung ausgeglichen, kann dies zu Störungen des Schriftspracherwerbs und zu Einschränkungen der Leistungsentwicklung eines Kindes in *allen* Fächern führen.

3. Der *nachzeitige* Erwerb einer Zweit- oder Fremdsprache

Vom *nachzeitigen* Erwerb einer zweiten oder fremden Sprache sprechen wir dann, wenn ein Kind bereits über Grundkenntnisse in seiner Erstsprache verfügt, bevor es mit der Aneignung der nächsten Sprache beginnt. Das ist in der Regel nach dem vierten Lebensjahr der Fall. In unserem Zusammenhang ist der nachzeitige Erwerb der Zweitsprache als Folge von Migration oder Flucht von besonderer Bedeutung. Für Flüchtlingskinder und für Kinder der ersten Aussiedler- und Migrantengeneration kann der nachzeitige Erwerb der Zweitsprache Deutsch durch die Neuorientierung in einem fremden Land und die notwendige Vergangenheitsbewältigung (z.B. durch die Verarbeitung von Trennungserfahrungen und von Kriegs- und Fluchterlebnissen) belastet werden. Darunter kann die grundsätzliche Lernbereitschaft des Kindes und seine Spracherwerbsmotivation leiden.

Unter besonderen Bedingungen kann jedoch bei Kindern ebenso gut hohe Sprachlernmotivation entstehen, z.B. dann, wenn Eltern, wie dies bei den vietnamesischen Boatpeople und bei vielen Aussiedlerfamilien zu beobachten war, eine rasche Eingliederung in das deutsche Alltagsleben anstreben und gemeinsam mit ihren Kindern oder parallel zu ihnen Deutsch lernen.

Dass Migrantenkinder, deren Familien seit drei oder vier Generationen in Deutschland leben, häufiger ohne nennenswerte deutsche Sprachkenntnisse in die Grundschule kommen, ist ein neueres Phänomen. Es ist vor allem bei Angehörigen der größeren Migrantengruppen zu beobachten, die sich zunehmend in ihre eigenen Religions- und Kulturgemeinden zurückziehen und Kontakte zur deutschen Bevölkerung meiden. Verstärkt wird diese Tendenz durch das gesellschaftliche Treiben ausländerfeindlicher Gruppierungen, das seit der ersten Hälfte der 90er Jahre neue, für ausländische Familien und ihre Kinder bedrohliche Formen angenommen hat.

4. Spracherwerbs*typen* und Spracherwerbs*stadien*

Abhängig davon, zu welchem Zeitpunkt und auf welchem Niveau ein Kind eine Zweitsprache erworben hat, unterscheiden wir fünf Spracherwerbstypen:

1) *Balanciert Zweisprachige*, die die Erstsprache und die Zweitsprache auf etwa gleichem Niveau beherrschen, sind Ausnahmefälle, die am häufigsten in bilingualen Familien anzutreffen sind;
2) *Bilinguale mit dominanter Erst- oder Familiensprache* (z.B. Türkisch oder Russisch) sprechen beide Sprachen, bevorzugen aber die Familiensprache;
3) *Bilinguale mit dominanter Zweitsprache Deutsch* sprechen und verstehen ebenfalls beide Sprachen, sprechen aber lieber und häufiger deutsch;
4) *Monolinguale* können sich nur in einer Sprache verständigen; sie beginnen erst mit dem Zweitspracherwerb und sprechen fast kein deutsch;
5) *Deutsch als Drittsprache* lernen Kinder, deren Familiensprache nicht die Verwaltungs- und Verkehrssprache des Landes ist, aus dem sie kommen, und die diese Verkehrssprache deshalb bereits als Zweitsprache neben der Familiensprache erworben haben. Letzteres gilt zum Beispiel für kurdische Kinder, die in der Schule Türkisch, oder für albanische Kinder, die Serbisch gelernt haben.

Bei Kindern, die in der Schule Deutsch als Zweit- oder Drittsprache lernen, unterscheiden wir sechs Erwerbsstadien:

> **Stadium 1:** Das Kind versteht kein Wort Deutsch. Es hatte bisher auch keinen Kontakt zu Gleichaltrigen und Erwachsenen, die deutsch sprechen.
>
> **Stadium 2:** Das Kind reagiert auf Fragen, Anweisungen oder Erzählungen, ist aber noch nicht in der Lage, diese vollständig zu verstehen. Sein deutscher Wortschatz ist klein. Es spricht wenig, meist in Ein-Wort-Sätzen (Gib! Ah! Schön! Nein ...) oder in kurzen, oft fehlerhaften Phrasen (Weiß nicht./Setz dich *neben zu* mir!)
>
> **Stadium 3:** Das Kind äußert sich deutlich häufiger als in Stadium 2, macht aber noch viele Fehler. Es versteht und gebraucht zunehmend Wendungen, die der jeweiligen Situation oder seiner jeweiligen Rolle angemessen sind. Inzwischen kann es sich an einfachen Gesprächen beteiligen, benötigt aber noch Hilfe beim Verstehen und Gebrauchen von „Schulsprache".
>
> **Stadium 4:** Das Kind kann sich an Gesprächen seiner Kleingruppe oder Klasse beteiligen. Seine mündlichen Fertigkeiten sind inzwischen gut entwickelt. Komplexere sprachliche Formen (Erklärungen, Nebensatzkonstruktionen) bereiten ihm aber noch Schwierigkeiten.
>
> **Stadium 5:** Seine sprachlichen Kenntnisse und Fertigkeiten sind so weit entwickelt, dass kaum noch Unterschiede zu gleichaltrigen deutschen Kindern erkennbar werden. Es hat aber noch Schwierigkeiten, wenn es anspruchsvollere (z.B. auf ihm nicht bekannte Situationen oder Zusammenhänge bezogene) Texte verstehen oder erlesen soll.
>
> **Stadium 6:** In diesem Stadium hat das Kind nicht nur im mündlichen Bereich, sondern auch im Lesen und Schreiben ein Niveau erreicht, das sich dem von Kindern mit deutscher Erstsprache annähert. Einige ausländische Kinder überholen in diesem Stadium deutsche Gleichaltrige mit Schriftspracherwerbsproblemen in der Erstsprache.

Das Spracherwerbsstadium, das ein Kind zu einem bestimmten Zeitpunkt erreicht hat, lässt sich durch gezielte Beobachtung seines Sprach- und Kommunikationsverhaltens bestimmen. Wir unterscheiden in diesem Zusammenhang zwischen der ganzheitlichen Einschätzung, der sogenannten *Globaleinschätzung des kindlichen Sprachstandes* und seiner differenzierten Bestimmung auf der Grundlage spezifischer *Sprachstandsindikatoren.*

5. Sprachstandsbestimmung auf der Grundlage von Sprachstandsindikatoren

Ganzheitliche Einschätzungen werden auf der Grundlage persönlicher Eindrücke vorgenommen, die auf unvollständigen, sogenannten selektiven Wahrnehmungen beruhen. Es empfiehlt sich deshalb, Sprach- und Interaktionsbeobachtungen für jedes Kind in Stichworten in einem eigenen Heft (Beobachtertagebuch) oder auf Karteikarten jeweils mit Datumsangabe zu notieren und auf diese Weise nicht nur punktuelle Eindrücke, sondern auch Lernfortschritte des Kindes zu dokumentieren.

Beispiele für Tagebuchnotizen:

- Spricht gerne vor allen Kindern./Spricht nur in der Kleingruppe./Hat heute zum ersten Mal eine Liedstrophe vor der ganzen Klasse laut vorgesprochen.
- Liest zögernd/flüssig. Macht viele Pausen./Liest über Satzendzeichen hinweg./Liest ohne die Bedeutung eines Textes zu verstehen./Liest ohne Betonung.
- Führt gerne Pantomimen vor.
- Schreibt Texte sorgfältig/richtig/ungenau/fehlerhaft in Druckschrift/Schreibschrift ab.

Ausgewählte sprachliche Phänomene, die im Verlauf des Aneignungsprozesses in bestimmten Abfolgen auftauchen (sogenannte Sprachstandsindikatoren), bilden die Grundlage für die gezielte Beobachtung und Bewertung der Entwicklung der Zweitsprache. Wir unterscheiden zwischen

a) Sprachstandsindikatoren im Bereich des Satzbaus,
b) Sprachstandsindikatoren im Bereich der Wortformen und des Wortgebrauchs.

Sprachstandsindikatoren im Bereich des Satzbaus (vgl. dazu z.B. CLAHSEN u.a. 1983, S. 98 ff.)

Satzbau: Sprachanfänger bilden bevorzugt Sätze in der Normalform (Subjekt + Prädikat + Objekt). Abweichungen von der Normalform werden erst später erworben, wobei sich folgende Erwerbsabfolge feststellen lässt:

a) Normalform (Nina schreibt Nuray.)
b) Voranstellung des Adverbs (Übergangsform: Heute Nina schreibt Nuray. Endform: Heute schreibt Nina Nuray.)
c) Partikelregel: Partizipien, Infinitive und trennbare Vorsilben von Verben werden am Satzende platziert oder ans Satzende verschoben (*Das* hat Nina *gemalt.* Das *kann* Nuray selber *machen! Nimm* Nina *mit!*)
d) Inversion (Schreibt Nina Nuray?)

Zwischen diesen Phänomenen besteht eine Implikationsbeziehung: Wer die Inversion beherrscht, kann auch schon Adverbien voranstellen.

e) Nebensätze: Eingeleitete Nebensätze mit Verb-Endstellung werden von den Kindern in der Regel erst relativ spät erworben und gebraucht.

Kasus: Für den Kasusgebrauch lässt sich ebenfalls eine Erwerbsabfolge feststellen: Nominativ > Akkusativ > Dativ (und/oder Präpositionalkasus) > Genitiv;

Sprachliche Funktionen: Sätze werden in bestimmten Funktionen gebraucht. Die Erwerbsabfolge vollzieht sich in diesem Bereich von instrumentell und regulativ (Verstehen von Aussagen und Erteilen von Anweisungen) über interaktiv (Führen von Gesprächen), expressiv und imaginativ (Formulieren von Gefühlen, Zukunftswünschen und Möglichkeiten) bis zu deskriptiv (Beschreiben von Gegenständen und Handlungsfolgen).

Auch zufällige Beobachtungen zur Entwicklung des Satzbaus (Gebrauch von Inversionen, Relativsätzen, Bildung des Genitivs im Morgenkreis, im Klassengespräch, in Texten etc.) sollten nach Möglichkeit im Beobachtertagebuch festgehalten, der Gesamteindruck anhand von Einzelbeobachtungen oder mit Hilfe einzelner Kriterien (Wort-, Satz- oder Textebene) abgesichert werden. Ergeben sich Differenzen zwischen Gesamteindruck und Detailbeobachtungen, sollte das Sprachverhalten eines Kindes vor allem in informellen Kontexten (bei Gesprächen mit der Banknachbarin, beim Spielen in der Pausenhalle ...) beobachtet werden.

Viele Lehrerinnen und Lehrer konzentrieren sich bei Sprachbeobachtungen und Sprachübungen in der Anfangsphase auf den Gebrauch von Nomen. Für die Bestimmung des Wortschatzes in einer bestimmten Sprachdomäne sind Nomen zweifellos ein wichtiger Sprachstandsindikator. Für die Einschätzung des jeweils erreichten Spracherwerbsstadiums sollte man sich jedoch auch auf Indikatoren wie Verben, Negationsworte oder syntaktische Strukturen stützen, für die bestimmte Erwerbsabfolgen bekannt sind.
So können wir beispielsweise davon ausgehen, dass Lerner, die den Dativ gebrauchen, auch schon den Akkusativ und erste Präpositionen mit Kasus bilden können. Rückschlüsse auf den Genitivgebrauch sind hingegen nicht möglich.

Sprachstandsindikatoren im Bereich der Wortformen und des Wortgebrauchs

Der Gebrauch unmarkierter und markierter Wörter: Der Gebrauch von unmarkierten Wörtern, sogenannten Allerweltswörtern wie *Ding, machen, tun, gehen, schön, gut* ist in der deutschen Sprache nicht auf spezifische Situationen beschränkt. Unmarkierte Wörter werden in der Zweitsprache früher erworben und häufiger eingesetzt als markierte Wörter, deren Gebrauch auf bestimmte Themen, Sachverhalte oder Situationen begrenzt ist (wie *Sportplatz, Sekretariat, schlendern, kriechen, rot, salzig*).
Ähnliches gilt für kurze Lexeme: Auch sie werden vor längeren Lexemen, insbesondere aber vor Ableitungen (Derivata) oder Zusammensetzungen (Komposita) erlernt: z.B. *Leid* vor *Beleidigung, holen* vor *herunterholen.*
Bevorzugt ein Kind in spezifischen Situationen den Gebrauch von unmarkierten Wörtern, kann dies ein Hinweis auf Bereiche sein, in denen sein deutscher Wortschatz eingeschränkt ist/gezielt erweitert werden sollte, obwohl es sich über ein Thema bereits flüssig unterhalten kann.

Beim Erwerb von Verbformen wurden folgende Erwerbsstufen nachgewiesen (vgl. dazu DITTMAR und KUHBERG 1988):

1. Stufe: Einfache Verben werden zunächst invariant, d.h. unverändert im Infinitiv gebraucht (z.B. machen). Bereits auf dieser Stufe können vereinzelt komplexere Formen (z.B. gemacht) auftauchen. Sie werden jedoch noch wie eigenständige Lexeme gelernt und verwendet.

2. Stufe: Erste Personalendungen werden gebraucht (z.B. sag), vereinzelt auch Perfektformen (z.B. gesagt); trennbare Verben werden in ungetrennter Form benutzt (z.B. hingehen).

3. Stufe: Jetzt werden erstmals auch komplexe Verben mit trennbarer Vorsilbe gebraucht (Der Junge hat *geschmeißt runter.*). Weiterhin häufiger Gebrauch von *machen* (z.B. *kaputtmachen, reinmachen*);
Ausbau der Personalendungen und Perfektformen. Bei den Modalverben wird *wollen* bereits markiert verwendet, während *können* und *dürfen* noch überwiegend im Infinitiv gebraucht werden.

4. Stufe: Verben, die den Beginn eines Geschehens bezeichnen (sogenannte inchoative Verben wie *losfahren* oder *einschlafen*) werden meist noch ungetrennt gebraucht, während Verben, die das Ende eines Geschehens bezeichnen (sogenannte resultative Verben wie *austrinken* oder *aufessen*) bereits getrennt gebraucht werden. Erste Formen des Präteritums werden gebildet, vereinzelt auch schon Formen des Plusquamperfekts.

5. Stufe: Perfektformen werden nun relativ sicher beherrscht, die Formen des Präteritums werden ausgebaut, inchoative Verben werden nun auch getrennt gebraucht. Erste Verben, die eine Abschwächung oder Verstärkung zum Ausdruck bringen, tauchen auf (*lächeln* für *lachen, hüsteln* für *husten, brüllen* für *rufen*).

Negationsworte: Auch für Negationsworte lässt sich in der Regel eine Erwerbsabfolge bestimmen. Der Gebrauch von Negationen entwickelt sich über: nein > nicht > kein > niemals > nirgends/niemand. In fortgeschrittenen Erwerbsstadien gebrauchen die Kinder alle Negationsworte richtig. In frühen Erwerbsstadien nutzen sie Negationsworte dagegen gerne zur Bildung von Ein-Wort-Sätzen (*Nein. Nicht!*).

Negation: Für die Bildung von Verneinungen wurden folgende Erwerbsstufen nachgewiesen (vgl. FELIX 1982, S. 20 ff.; KLEIN 1984, S. 107 ff.):

1. Stufe: In frühen Erwerbsstadien nutzen Kinder *Nein!* zur Bildung von Ein-Wort-Sätzen, die sich auf vorausgehende Äußerungen beziehen (anaphorische Negation).

2. Stufe: Später wird das Negationswort vor dem Verb platziert. Neben *nein* taucht nun auch *nicht* auf *(Ich nein schlafen! Du nicht spielen!).*

3. Stufe: Jetzt werden Negationsworte erstmals bei Kopula- und Modalverben korrekt gebraucht. *(Das ist nicht kaputt. Das kann ich nicht.)*
Bezogen auf syntaktische Strukturen bedeutet dies, dass dann, wenn die Partikelregel noch nicht sicher beherrscht wird, Negationsworte sowohl vor als auch nach dem Verb platziert werden. Erst wenn die Inversion sicher beherrscht wird, wird auch das Negationselement im Deutschen weitgehend korrekt (also nach dem Verb und vor den infiniten Teilen des Satzes) gebraucht.

Fragewörter: Der Erwerb von Fragewörtern vollzieht sich in der Regel ebenfalls in einer bestimmten Abfolge. Die Kinder lernen zuerst nach Gegenständen und Personen zu fragen (Was?/Wer?). Es folgen Fragen nach Ort (Wo?) und Zeit (Wann?). Die Frage nach Begründungen (Warum?) leitet komplexe Antwortsätze ein und wird vermutlich deshalb erst relativ spät gebraucht.

Verben: Beim Erwerb von Verbformen ist zu unterscheiden zwischen dem Erwerb von Vollverben, Hilfsverben (haben/sein) und Modalverben.
- Beim Erwerb von Modalverben kann häufig eine bestimmte Erwerbsabfolge beobachtet werden: wollen > mögen > müssen > können > dürfen > sollen.
- Einfache Vollverben (gehen/steigen) werden früher erworben und häufiger richtig gebraucht als zusammengesetzte Verben (hinaufgehen). Der richtige Gebrauch getrennter Formen zusammengesetzter Verben (Er *geht* die Treppe *hinauf*.) ist deshalb ein Hinweis auf ein fortgeschrittenes Erwerbsstadium.
- Ebenso der korrekte Gebrauch von reflexiven Verben (Sie dreht *sich* um.) Im Vorstadium des Erwerbs lassen die Kinder das Reflexivpronomen noch aus. (Sie dreht um.)

Adjektive: Bei Polaritätsadjektiven werden positive Bezeichnungen meist vor oder mit ihrem Gegenbegriff erworben *(schön* vor/mit *hässlich, gut* vor/mit *schlecht/böse, lang* vor/mit *kurz, groß* vor/mit *klein*). Eine Ausnahme bildet hier *krank*, das meist vor *gesund* erlernt wird. Adjektive, die einen Sammelbegriff ausdifferenzieren (Farben, Formen, Mengen) können eher und leichter erworben und ergänzt werden als Einzelbegriffe. Enthält der Wortschatz eines Kindes viele markierte Adjektive, ist dies ein Hinweis auf ein fortgeschrittenes Spracherwerbsstadium.

Pronomen: Wir haben beobachtet, dass Kinder die ersten beiden Singularformen bei Personalpronomen (ich, du) und Possessivpronomen (mein, dein) früher richtig beherrschen als die Pluralformen und die 3. Person Singular (er, sie, es), deren korrekter Gebrauch die Kenntnis des jeweiligen grammatischen Geschlechts voraussetzt.

Personal-, Possessiv- und Demonstrativpronomen werden nach unseren Erfahrungen meist auch früher richtig gebraucht als Relativpronomen. Hier überschneiden sich die Sprachstandsindikatoren in den Bereichen *Wortgebrauch* und *Satzbau*, denn der häufige Gebrauch von Relativsätzen (und damit vermutlich auch der Gebrauch von Relativpronomen) ist ein Indikator für ein fortgeschrittenes Zweitspracherwerbsstadium.
Der Gebrauch von Pronomen, Adverbien und Konjunktionen lässt auch Rückschlüsse auf Fertigkeiten zur Herstellung von Kohärenz und Kohäsion zu, d.h. auf Fertigkeiten zur Verknüpfung von Sätzen auf Textebene.

Ausführliche Hinweise zur Durchführung von systematischen Sprachstandsbeobachtungen unter Berücksichtigung ausgewählter Sprachstandsindikatoren finden Sie im zweiten Kapitel (S. 42 ff.).

6. *Zweit*spracherwerb ist nicht *Fremd*spracherwerb

In der Sprachdidaktik unterscheidet man zwischen Zweit- und Fremdspracherwerb. Eignet sich ein Kind seine zweite Sprache in dem Land an, in dem diese Sprache als Verkehrs- und Schulsprache gesprochen wird, handelt es sich um die Aneignung einer *Zweitsprache.* Ausländische Kinder erlernen in Deutschland also Deutsch als Zweitsprache.
Als Fremdsprachen müssen dagegen all die Sprachen gelernt werden, die in Deutschland nicht als Verkehrssprachen genutzt werden können. Englisch ist damit für alle Kinder Fremdsprache, sofern sie nicht in einer deutsch-englischen Familie aufwachsen.
Diese Unterscheidung in Zweit- und Fremdspracherwerb ist wichtig, weil sich die Aneignung einer Zweitsprache, anders als die einer Fremdsprache, auf Grund der besonderen Erwerbsbedingungen auf zwei Ebenen vollzieht:
1) als *ungesteuerter Erwerb* (im Alltag und in informellen Situationen),
2) als *gesteuertes Lernen* (in der Schule und in schulähnlichen Fördereinrichtungen).

7. *Ungesteuerter* Erwerb und *gesteuertes* Lernen einer Zweitsprache

Kinder können sich eine Zweitsprache in informellen Situationen aneignen zum Beispiel beim Spiel mit Gleichaltrigen. In diesem Fall sprechen wir von ungesteuertem Erwerb oder selbst gesteuertem Lernen. Beide Begriffe bezeichnen Aneignungsprozesse, die sich außerhalb des Unterrichts in alltäglichen Situationen vollziehen, an denen Sprecher der Zielsprache Deutsch beteiligt sind. Einige Autoren bezeichnen den ungesteuerten Zweitspracherwerb auch als „natürlichen Zweitspracherwerb“ und polemisieren auf der Grundlage dieser Definition gegen das aus ihrer Sicht „unnatürliche“ gesteuerte Sprachenlernen im Rahmen von Unterricht.
Wir halten diese Debatte für ebenso problematisch wie entbehrlich, weil sich auch für

den „natürlichen" Erstspracherwerb formale Steuerungen in informellen Situationen nachweisen lassen, sobald Eltern oder Betreuungspersonen undeutliche oder fehlerhafte Äußerungen von Kindern modellieren oder korrigieren. Solche Korrekturen lassen sich auf dem Spielplatz, bei gemeinsamen Mahlzeiten oder beim Einkaufen beobachten. Auch beim Erstspracherwerb verlaufen also die Grenzen zwischen informellem, vom Kind selbst gesteuertem, und formellem, von Erwachsenen gesteuertem Lernen fließend. Insofern ist nicht einsichtig, weshalb eine Verbindung von selbst und fremdgesteuertem Lernen für den Zweitspracherwerb ungeeignet sein sollte.
Wenn wir den Grundschulalltag genauer betrachten, können wir feststellen, dass er eine Vielzahl von informellen Lernkontexten bereitstellt, in denen Kinder Elemente der Schulsprache selbst gesteuert erwerben können. Dies gilt gleichermaßen für das Klassenzimmer, die Turnhalle und den Pausenhof. Auch der Schulweg und die Fortsetzung von Schulfreundschaften in den Spielgruppen der Nachbarschaft oder auf dem Sportplatz schaffen informelle Kontexte für selbst gesteuertes Sprachenlernen.
Wie effektiv und erfolgreich selbst gesteuertes Lernen ist, hängt ab
a) von der Sprachlernmotivation des ausländischen Kindes,
b) von der Häufigkeit seiner Sprachkontakte mit deutschen Kindern,
c) von der Intensität dieser Sprachkontakte
d) und nicht zuletzt von seiner grundsätzlichen Lernbereitschaft.

Wenn ausländische Kinder ihre Freizeit mit deutschen Kindern verbringen, können sie sich eigenständig viele richtige Formen der deutschen Hochsprache, aber auch Dialekte und Soziolekte aneignen. Wenn sie in Gruppen mit Kindern verschiedener Nationalitäten spielen, in denen Deutsch zwar Verkehrssprache ist, aber von keinem der Spielenden korrekt beherrscht wird, können sich jedoch verkürzte und fehlerhafte, so genannte *defekte Formen* einschleifen.

Ohne nachsteuernde Korrekturen im Unterricht werden sich umgangssprachliche Varietäten (Dialekte, Soziolekte) und defekte, aber verständliche Äußerungsformen verfestigen und dem Kind den Erwerb der deutschen Schriftsprache erschweren. Man nennt solche defekten Formen auch *Fossilierungen*..

Fossilierungen können die Funktion von Gruppen- oder Identitätskennzeichen übernehmen. In der Spielgruppe verzichtet das Kind in solchen Fällen bewusst auch dann auf die Nutzung der hochsprachlichen Formen, wenn es solche beherrscht, um die Zugehörigkeit zu seiner Gruppe zu signalisieren. Ähnliche Verhaltensweisen zeigen manche Kinder auch im Klassengespräch oder in Gesprächen mit der Lehrerin. Deshalb lassen sich Fossilierungen im Unterricht oft nur schwer abbauen. Erst mit älteren Kindern (ca. ab dem 3. Schuljahr) kann man über dieses Phänomen sprechen und auf diesem Weg versuchen Einstellungsveränderungen und Differenzierungen der Selbstdarstellung anzubahnen.

8. *Sprachdomänen* und Schriftspracherwerb

Zwar geht man heute davon aus, dass selbst gesteuertes Sprachenlernen effektiver ist als fremdgesteuertes. Würden Kinder aber nur in informellen Kontexten lernen, so würde sich die Entwicklung ihrer Sprachkenntnisse auf ausgewählte Bereiche, sogenannte *Sprachdomänen*, konzentrieren (z.B. auf Spiel-, Gesprächs- und Streitsituationen). In diesem Fall würden sie für die von ihrer Gruppe bevorzugten Themen (z.B. für Unterhaltungen über das Fernsehprogramm) über einen großen Wortschatz verfügen. Für das Verfassen von Texten über Themen, die für ihre Gruppe nicht interessant sind, würden sie dagegen weder präzise Begriffe noch einen rechtschriftlich gesicherten Wortschatz erwerben.

Was für Themen gilt, gilt auch für Rollen, für soziale Beziehungen und für die Bewältigung von Situationen. Denn wir variieren unsere sprachlichen Mittel je nach Thema, Situation und Kontaktperson. Da wir bestimmte Themen überwiegend mit bestimmten Personen in bestimmten sozialen Rollen und in bestimmten Situationen besprechen, entwickeln wir dafür spezifische Ausdrucksformen. Diese sind dann charakteristisch für spezifische Sprachdomänen.

In ihrer Erstsprache beherrschen Erwachsene in der Regel alle Sprachdomänen. Sie können beurteilen, ob eine Äußerung richtig oder falsch ist, ob sie einem Kontext angemessen ist oder nicht. In einer Fremdsprache können sich dagegen auch Erwachsene meist nur in ausgewählten Sprachdomänen verständigen. Dies ist für sie unproblematisch, solange sie diese Sprache nicht aus beruflichen Gründen gut oder perfekt beherrschen müssen.

Kinder, die sich eine Zweitsprache aneignen, würden aus Lebensbereichen ausgeschlossen und in ihren späteren Berufsperspektiven eingeschränkt, wenn sie sich nur in den Sprachdomänen zu verständigen lernten, die ihnen in informellen Situationen zugänglich sind. Deshalb kann auf eine Steuerung sowohl im Zweitsprachunterricht als auch im gemeinsamen Unterricht ausländischer und deutscher Kinder nicht verzichtet werden.

9. *Grundwortschätze* ausländischer und deutscher Kinder

Mit der Einschulung müssen ausländische Kinder lernen sich auf Deutsch in einer Sprachdomäne zu verständigen, die in ihrer Familiensprache in der Regel eine untergeordnete Rolle spielt: in der Sprachdomäne Schule. Bereits Fibeln setzen bei Schulanfängern voraus, dass sie einen schulbezogenen Grundwortschatz mündlich beherrschen.

Der aktive Wortschatz eines deutschen Kindes umfasst bei der Einschulung zwischen 3 000 und 6 000 Wörtern. Er wächst bis zum Ende der Grundschulzeit auf durch-

schnittlich 10 000 Wörter. Der Wortschatz, der in einigen Sprachbüchern bei deutschen Kindern vorausgesetzt wird, erweitert sich zwischen dem 2. und 3. und dem 3. und 4. Schuljahr um jeweils 2 300 bis 2 600 Wörter. Rund 1 000 Wörter sollen in den ersten vier Schuljahren als Grundwortschatz schriftlich gesichert werden.
In Lehrwerken für den Zweitsprachunterricht in der Grundschule werden dagegen in der Regel weniger als 4 000 Wörter eingeführt. Der Wortschatz, den solche Lehrwerke vermitteln, erfasst wiederum nur einen kleinen Ausschnitt des Wortschatzes, der in Lehrwerken für deutsche Kinder vorausgesetzt wird (siehe dazu die Inhaltsanalysen von NEUNER und SCHADE 1986).
Würde man ausländischen Kindern Deutsch-Förderunterricht mit einem Zweitsprach-Lehrwerk wie „Deutsch in Deutschland neu" erteilen und sie parallel dazu an einem Regelklassenunterricht in den Fächern Deutsch und Sachkunde teilnehmen lassen, der sich auf Sach- und Sprachbuchproduktionen der 80er Jahre stützt, so müssten sie im zweiten Schuljahr etwa 5 900 neue Wörter lernen. Dies wäre für die meisten Kinder eine Überforderung.
Der Schwellenwortschatz, den TUMAT (1986) für die Vorbereitung ausländischer Schulanfänger konzipiert hat, enthält sogar nur 246 Wörter. Auch auf dieser Basis ergäbe sich also eine große Differenz zwischen dem durchschnittlichen Umfang des Wortschatzes, den eine konventionelle Fibel bei deutschen Kindern voraussetzt, und dem Wortschatz des ausländischen Kindes in der Zweitsprache.

10. Lehrplanvorschriften zum Grundwortschatz

Die Lernzielvorgaben der jeweiligen Grundschullehrpläne und -richtlinien sind in den alten und neuen Bundesländern für die Unterrichtsplanung von unterschiedlicher Bedeutung. Dies ist nicht nur eine Folge der politischen Einflussnahme auf die Lehrplantraditionen von BRD und DDR. Bedingt durch das föderative Prinzip und die Länderautonomie in bildungspolitischen Fragen lassen sich auch in den alten Bundesländern unterschiedliche Grade der Verbindlichkeit von Lehrplanvorgaben für methodische Entscheidungen feststellen. Wo die Schulaufsicht, die Prüfungskommissionen der 2. Ausbildungsphase und in der Folge auch Lehrerinnen und Lehrer Wert auf lehrplankonforme Unterrichtsplanung legen, ist es deshalb notwendig, die Aussagen der jeweiligen Pläne und Richtlinien für den Unterricht in der Regelklasse im Hinblick auf die Berücksichtigung der Lernsituation von Zweitsprachlernern kritisch zu prüfen und bei Bedarf auch einseitig monolingual ausgerichtete Lehrplanempfehlungen zu modifizieren.
Was dies praktisch bedeuten kann, werden wir hier am Beispiel von zwei Lehrplänen darstellen, die kontroverse deutschdidaktische Positionen hinsichtlich des Aufbaus und der rechtschriftlichen Sicherung eines deutschen Grundwortschatzes repräsentieren:

a) am Beispiel der bayerischen Grundschullehrpläne *Schriftlicher Sprachgebrauch und Rechtschreiben* aus dem Jahr 1981 und des *Curricularen Lehrplans Deutsch als Fremdsprache* (DaF/DaZ) aus dem Jahr 1979.
b) am Beispiel des nordrhein-westfälischen Lehrplans *Sprache* aus dem Jahr 1985.

In Bayern bestimmt der Lehrplan den Grundwortschatz für die jeweilige Jahrgangsstufe. Der Grundschullehrplan von 1981 trennt in seinen Lernzielangaben darüber hinaus systematisch zwischen ausländischen und deutschen Kindern sowie zwischen Zweitsprachlernern im Anfangsstadium und fortgeschrittenen Lernern. Bayern war das erste und lange Zeit auch das einzige Bundesland, das für die Arbeit in der Grundschule einen eigenständigen Deutsch-als-Fremdsprache-Lehrplan vorgelegt hatte. (Inzwischen sind Hamburg [1992] und Thüringen [1995] diesem Beispiel gefolgt, Sachsen bereitet ebenfalls einen eigenen DaZ-Lehrplan für die Grundschule vor.)
Die Lernziele des bayerischen DaF/DaZ-Lehrplans für ausländische Kinder konzentrieren sich in einem sprachlichen Vor- und Grundkurs auf den mündlichen Sprachgebrauch. Da der Lehrplan ursprünglich für die Arbeit in besonderen Ausländerklassen entwickelt wurde, vernachlässigen seine Lernzielformulierungen jedoch weitgehend die Situation des ausländischen Kindes in der deutschen Regelklasse.
Die Lernzielkataloge der Lehrpläne *schriftlicher Sprachgebrauch* und *Rechtschreiben* für Kinder mit deutscher Erstsprache beinhalten dagegen bereits ab Klasse 1/2 Einführungen in schriftliche Darstellungen (Erlebnisse und einfache Sachverhalte aufschreiben, Wünsche und Aufforderungen in einfacher Form schriftlich darstellen). Der Lehrplan *Rechtschreiben* orientiert sich an einem sprachdidaktischen Ansatz, der den orthografisch korrekten Gebrauch eines gemeinsamen *deutschen Schreibwortschatzes* über das Einprägen und Üben der am häufigsten schriftsprachlich verwendeten Wörter sicherstellen will. (Ausschlaggebend für die Aufnahme eines Wortes in den Grundwortschatz ist die Häufigkeit seiner schriftsprachlichen Verwendung, nachzulesen in Häufigkeitswörterbüchern, z.B. bei AUGST 1985, PREGEL/RICKHEIT 1987 oder RUOFF 1981.)
In der Folge ist der durch den Rechtschreiblehrplan vorgegebene Grundwortschatz nicht identisch mit dem für die mündliche Kommunikation bedeutsameren *Sprechwortschatz*. Im Rechtschreibunterricht soll es aber laut Lehrplan nicht nur um das *Schriftbild* und das *Bewegungsschema* der zu übenden Wörter, sondern auch um ihr *Klangbild* und ihre *gedankliche Durchdringung* gehen.

Für einheimische deutsche Kinder umfasst der bayerische Grundwortschatz in den ersten vier Jahrgangsstufen einen Katalog von 983 Wörtern und ordnet darüber hinaus Wortschatzbestände den einzelnen Jahrgangsstufen zu.
1 Jahrgangsstufe: 108 Wörter, davon 34 Strukturwörter
2. Jahrgangsstufe: 270 Wörter, davon 52 Strukturwörter
3. Jahrgangsstufe: 305 Wörter, davon 39 Strukturwörter
4. Jahrgangsstufe: 300 Wörter

Für die 1. Jahrgangsstufe sind in diesem Katalog z.B. folgende Substantive verbindlich vorgesehen: *Apfel, Arm, Ast, Auge, Auto, Bach, Ball, Baum, Bein, Bild, Birne, Blatt, Blume, Brot, Buch, Dorf, Ente, Finger, Gras, Hase, Haus, Hund, Katze, Kind, Kuh, Maus, Mutter, Nase, Nest, Ohr, Sand, Schule, Vater, Vogel, Wald, Weg, Wiese, Zug.*
Als Strukturwörter werden für die erste Jahrgangsstufe unter anderem vorgegeben:
- bestimmte Artikel (der, das, dem, den)
- unbestimmte Artikel (ein, eine)
- Präpositionen (am, auf, aus, im, in, zu)
- Personalpronomen (ich, wir, er, sie, es, uns)
- Possessivpronomen (mein, unser)
- Interrogativpronomen (wie? wo?)
- Hilfsverben (ist, war).

Die Auswahl der Strukturwörter wirkt in dieser Zusammenstellung zufällig. Sie entspricht zwar der Häufigkeitsverteilung, folgt aber keiner weiteren sprachwissenschaftlichen Systematik. Vergleichen wir den Wortschatzkatalog (hier: die Liste der Substantive) mit den Themenvorschlägen des Lehrplans Heimat- und Sachkunde, dann wird deutlich, dass sich der Grundwortschatz Deutsch auf Themen des Sachunterrichts der jeweiligen Jahrgangsstufe bezieht, also auch nach dem Prinzip fächerübergreifenden Lernens im grundlegenden Unterricht geordnet wurde. Berücksichtigt wurden unter anderem Wortschatzelemente zu den Themen
- Familie (Vater/Mutter)
- Körper/Körperpflege (Auge, Ohr, Nase, Arm, Bein, Finger)
- Leben auf der Wiese (Wiese, Gras, Blume, Blatt)
- Früchte von Bäumen und Sträuchern am Schulort (Baum, Ast, Apfel, Birne).

In der 2. Jahrgangsstufe werden – dem HSK-Plan entsprechend – weitere Substantive geübt: die Monatsnamen von Januar bis Dezember, die Zeitangaben Stunde, Tag, Woche, Monat, Jahr, Nacht ...

Der Grundwortschatz für ausländische Kinder, der im kommentierten DaF/DaZ-Lehrplan vorgestellt wird, umfasst 650 lexikalische Einheiten und enthält Wörter, „deren semantisch und pragmatisch richtiger Gebrauch und deren Schreibrichtigkeit (wenn möglich) im jeweils angegebenen Zeitraum erreicht werden“ soll. In demselben Lehrplankommentar wird jedoch ausdrücklich festgehalten, dass sich der „Grundwortschatz für Zweitsprachlerner nicht nur im Inhalt, sondern auch in der Zielsetzung von dem Grundwortschatz des Lehrplans für die bayerischen Grundschulen deutlich unterscheidet“ (Steindl 1982, S. 228). Streng genommen müssten also für Erst- und Zweitsprachlerner im Bereich des Grundwortschatzes unterschiedliche Lehrplanhinweise berücksichtigt werden.
In Nordrhein-Westfalen bestimmen die Lehrerinnen und Lehrer in der Primarstufe die rund 1.000 Wörter des Grundwortschatzes ihrer Klasse selbst. In den Richtlinien werden jedoch Auswahlkriterien für den Grundwortschatz vorgegeben, die indirekt auf die Häufigkeitstabellen der oben zitierten linguistischen Frequenzanalysen verweisen:

„Die Wörter der Grundwortschatzes sollen zu den häufigst verwendeten Wörtern der deutschen Schriftsprache gehören. [...] Der Grundwortschatz muss quantitativ eng begrenzt werden. [...] Wörter des Grundwortschatzes sollen auch die wichtigsten der für Grundschüler einsehbaren Rechtschreibregelungen repräsentieren. [...] In den Klassen 3 und 4 [...] wird der rechtschriftlich zu übende Grundwortschatz auf ca. 1 000 Wörter ausgebaut.“ (KM NRW 1985, S. 40 f.)

Der Lehrplanhinweis zur Differenzierung der Anforderungen im Hinblick auf ausländische Kinder beschränkt sich auf die Gruppe der Seiteneinsteiger, die bereits im Herkunftsland eine Schule besucht haben:

„Kinder anderer Ausgangssprachen haben häufig besondere Probleme: Schwierigkeiten treten hier oft beim Erfassen der Beziehungen zwischen Lauten und Buchstaben auf, wenn die Kinder bereits über schriftsprachliche Vorerfahrungen in einer anderen Sprache verfügen." (ebd., S. 42)

Wichtig erscheint uns jedoch der grundsätzliche Hinweis, der den Lehrkräften breiten Entscheidungsspielraum einräumt:

„Da sie (die Wörter des Grundwortschatzes) für das Kind ein hohes Maß an unmittelbarer Bedeutsamkeit haben sollen, werden unter diesem Aspekt auch Wörter aufgenommen die in der Sprache des Kindes häufig vorkommen, deren Gebrauchshäufigkeit aber späterhin abnimmt. Unter dem Gesichtspunkt der Gebrauchshäufigkeit werden auch solche flektierten Formen aufgenommen, die rechtschriftlich schwieriger sind." (ebd. S. 40).

Lehrplankonforme Unterrichtsplanung für mehrsprachige Regelklassen erweist sich auf der Grundlage beider Lehrpläne als anspruchsvolle Aufgabe:
Bayerische Lehrerinnen und Lehrer müssen selbstständig eine Integration von – zum Teil widersprüchlichen – Lehrplanaussagen zur Arbeit mit dem Grundwortschatz leisten und sich kritisch mit Lehrplanempfehlungen auseinandersetzen, die der aktuellen Lernausgangslage von Regelklassen nicht mehr entsprechen. Ihre Kritik dürfte sich unter anderem auf die Fixierung von Wortschatzbeständen konzentrieren, denn die methodischen Empfehlungen des Regelklassen-Lehrplans sind auch für Zweitsprachlerner relevant: Angeregt wird ein Übungsaufbau

- vom Klangbild (genaues Hören von Vokalen und Konsonanten und ihrer Stellung im Wort)
- über das Schriftbild (gegliedertes Sehen und Lesen)
- und das Bewegungsschema (Nachspuren und gegliedertes Schreiben)
- zur Rechtschreibregel.

Ihre nordrhein-westfälischen Kolleginnen und Kollegen sind selbst für die Auswahl relevanter deutscher Lernwörter zuständig und müssen bei der Zusammenstellung ihres Klassenwortschatzes auch zweitsprachdidaktische Überlegungen zur Häufigkeit und Relevanz von Lexemen in Alltags- und Schulfachsprache berücksichtigen. Auch hier gilt, dass die methodischen Empfehlungen des Lehrplans zum Übungsaufbau für ausländische und deutsche Kinder geeignet sind, solange alle Wörter des Grundwortschatzes von allen Kindern der Klasse verstanden und begrifflich eingeordnet werden können.
Dann können auch alle Kinder

- Wörter sammeln,
- Wörter durchgliedern,
- Wörter in neuen Sinnzusammenhängen anwenden,
- Wörter aus dem Grundwortschatz zur Einsicht in Regelungen nutzen.

11. *Fachsprachen* der Grundschule

Fachsprachen dienen der genauen und ökonomischen Verständigung in Fachgebieten. Fachsprachliche Äußerungen präzisieren und verdichten Informationen. Sie setzen vielfach auch die Beherrschung eines fachspezifischen Wortschatzes, einer Fachterminologie, voraus. Ohne gezielte Unterstützung und Steuerung durch Erwachsene sind Kinder kaum in der Lage sich das Vokabular und die Wendungen schulischer Fachsprachen anzueignen.

In der Grundschule bestehen Schulfachsprachen noch weitgehend aus demselben Sprachmaterial wie die Standardsprache. Sie beinhalten jedoch Begriffe und syntaktische Strukturen, die in der Alltagssprache der Kinder seltener oder überhaupt nicht vorkommen. Dazu ein Beispiel: Aus dem Alltag kennen die deutschen Kinder

- **Zieh'** das raus!
- **Zieh'** dir was über!
- Wir **ziehen** um.
- Ver**zieh'** dich! Hau'ab!

Manche ausländische Kinder können selbst im 2. Schuljahr *ziehen* noch nicht in allen alltagssprachlichen Bedeutungsvarianten aktiv gebrauchen. In der Schule müssen sie zusätzlich lernen:

- **Ziehe** eine Linie von A nach B! (Geometrie)
- **Ziehe** den Mattenwagen aus dem Geräteraum! (Sport)
- Eine Schleimschicht über**zieht** den Körper des Spiegelkarpfens. (Sachunterricht)
- **Ziehe** zwölf von einhundertelf ab! (Kopfrechnen)
- **Ziehe** eine Spielkarte aus dem Quartett! (Freie Arbeit)

Ziehen wird also in der Alltagssprache und in schulischen Fachsprachen in unterschiedlichen Zusammenhängen und in unterschiedlichen Bedeutungen gebraucht. Es kann *subtrahieren* oder *zeichnen* bedeuten. Es kann im Sinne von *anziehen, wegziehen, hinziehen, herziehen* gebraucht werden. Es kann die Beschaffenheit eines Fischkörpers beschreiben oder eine Spielanweisung sein. Es kann aber auch feindselige Abwehr und Verjagt-Werden bedeuten. Wer nicht weiß, dass *ziehen* ein so großes Bedeutungspotential umfasst, wird die verschiedenen kontextabhängigen Bedeutungsvarianten in der Umgangs- und in der Fachsprache nicht ohne Hilfe erschließen können.

Wörter werden in Fachsprachen nicht nur in unterschiedlichen Bedeutungen gebraucht. Fachsprachen nutzen auch andere sprachliche Möglichkeiten zur Präzisierung und Verdichtung von Aussagen, z.B. Attribuierungen, Zusammensetzungen, Ableitungen und Fremdwörter.

Dazu ein Beispiel:

Neben dem Wildkarpfen gibt es noch den Spiegelkarpfen und den Lederkarpfen. Karpfenartige Fische oder auch Karpfenfische sind dagegen die Karausche, die Schleie oder das Rotauge etc.

Derartige Präzisierungen von Gattungsnamen in der biologischen Fachsprache können wichtig werden, wenn Kinder ihr ökologisches Umfeld (in unserem Fall eine Teichwirtschaft neben der Schule) mit Hilfe von Expertengesprächen und Kinderlexika erforschen wollen. Damit Kinder Schulfachsprachen im Unterrichtsalltag gebrauchen können, müssen sie also langfristig lernen, dass

a) in Fachsprachen Wörter anders gebraucht werden als in der Alltagssprache;
b) Fachsprachen eine festgelegte Terminologie haben, die in anderen Fachsprachen unter Umständen nicht gültig ist;
c) in Fachsprachen durch Wortbildungen (Komposita, Präfix-Verbindungen, Fremd- und Kunstwörter oder Abkürzungen) eindeutige und auch neue Bezeichnungen für Begriffe geschaffen werden können;
d) in Fachsprachen bestimmte syntaktische Konstruktionen häufiger gebraucht werden als in der Alltagssprache (z.B. Attribuierungen, Konditionalsätze, Kausalsätze oder Relativsätze).

Die Systematisierung und Differenzierung, also die Ordnung und Ergänzung von Weltwissen unter fachlichen und fachübergreifenden Gesichtspunkten und den Erwerb der dafür erforderlichen fachsprachlichen Terminologie können ausländische Kinder in der Regel selbst nicht leisten. In frühen Zweitspracherwerbsstadien sind sie darauf angewiesen, dass anspruchsvolle fachsprachliche Texte für sie sprachlich „entlastet" (vereinfacht) werden oder dass sie in differenzierenden Lerneinheiten auf den speziellen Wortschatz eines fachsprachlichen Textes vorbereitet werden. Seit den 80er Jahren wurden deshalb zu ausgewählten Themen des Mathematik- und des Sachunterrichts vorbereitende Glossare (s. Abb. 1), zum Teil auch bilinguale Materialien erstellt (s. Abb. 2 und 3). Die-

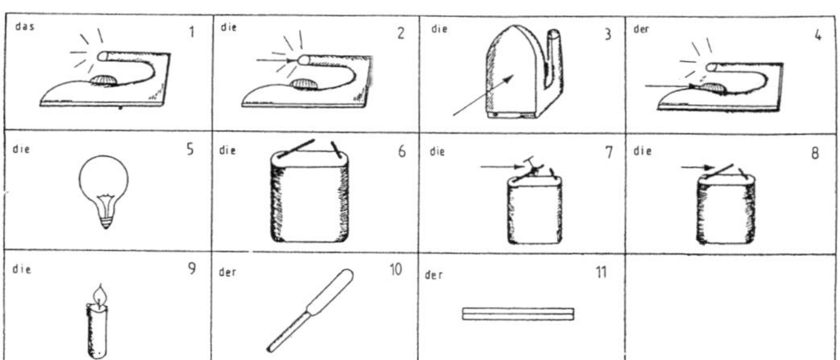

1 ____	5 ____	9 ____
2 ____	6 ____	10 ____
3 ____	7 ____	11 ____
4 ____	8 ____	

Hinweise für den Lehrer: 1 = Bügeleisen, 2 = Kontrollampe, 3 = Bügelfläche, 4 = Drehknopf, 5 = Lampe, 6 = Flachbatterie, 7 = Polschraube, 8 = Pollasche, 9 = Kerze, 10 = Schraubenzieher, 11 = Bimetallstreifen

Abb. 1: Glossar zum Thema „Thermostat"

se wurden zur Einführung und Übung des fachsprachlich relevanten Wortschatzes einer geplanten Unterrichtseinheit benutzt. Gezielt und kontrolliert eingesetzt werden können zweisprachige Materialien allerdings nur, wenn Lehrerinnen und Lehrer selbst zweisprachig sind oder sich auf die Unterstützung zweisprachiger Partner (Lehrkräfte oder Eltern) verlassen können. In allen anderen Fällen sind Wort-Bild-Glossare mit entsprechenden Erklärungen und Umschreibungen zu empfehlen, wie sie auch in Schulwörterbüchern für deutsche Kinder verwendet werden. Anregungen für die kindgemäße Gestaltung ein- und mehrsprachiger *Glossare* geben das Kinderlexikon und das Wörterbuch von SCARRY (s. Abb. 5), Beispiele für Wort-Bild-Darstellungen und Umschreibungen sind in dem Schulwörterbuch von KÜHN (s. Abb. 4) enthalten.

Schau auf Seite 8!
Trage folgende Wörter richtig ein: das Telefon / der Löschzug / die Einsatzzentrale / der Brandort / der Feuermelder / das Feuer.

8. sayfaya bak!
Şu kelimeleri doğru olarak yerlerine yaz: telefon / yangın söndürme ekibi / görev merkezi / yangın yeri / yangın bildirme aygıtı / yangın.

Schau auf Seite 8!
Schreibe zu jedem Bild einen Satz!

Abb. 2 und 3: Bilinguales Material zum Thema „Feuerwehr" (Ausschnitt)

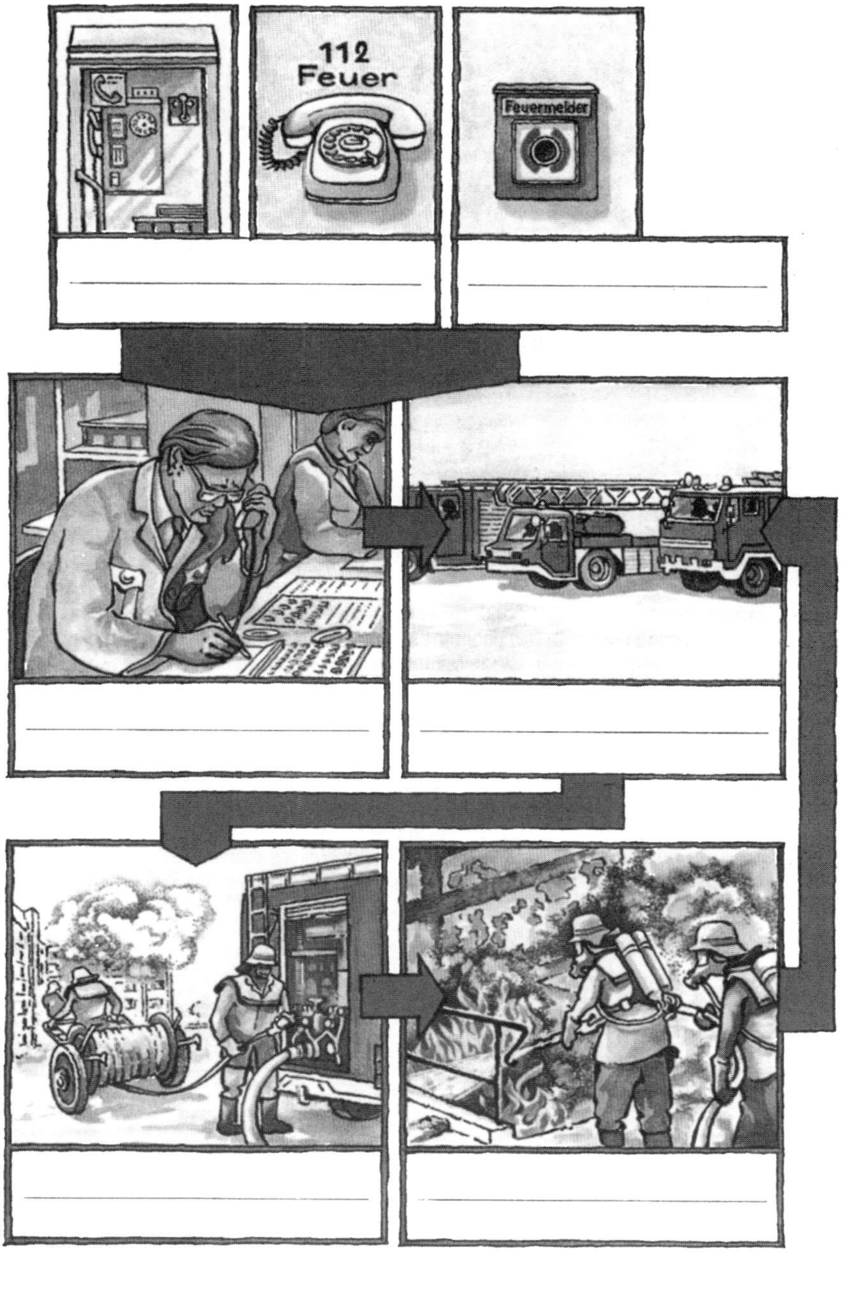
112
Feuer
Feuermelder

Kanne (Kan-ne)

Es gibt die Milch**kanne**, die Kaffee**kanne**, die Tee**kanne**, aber auch die Gieß**kanne**.

Kanon (Ka-non)
Ein Chor singt im **Kanon**, wenn einzelne Sängergruppen ein und dasselbe Lied nacheinander in einem bestimmten Zeitabstand singen.

Kanu (das Ka-nu, die Ka-nus)

Kanus sind leichte Sportboote aus Holz oder Kunststoff. Mit einem **Kanu** kannst du paddeln.
→ **Boot**

Abb. 4: Wörter von Kanne bis Kanu

die Pauke
the bass drum
la grosse caisse

die Becken
the cymbals
les cymbales

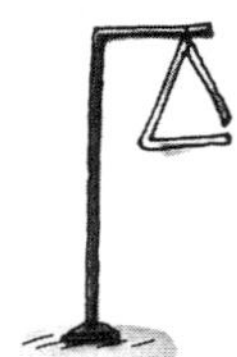

der Triangel
the triangle
le triangle

die Tuba
the tuba
le tuba

die Trompete
the trumpet
la trompette

Abb.5: Glossar zum Thema „Orchesterinstrumente"

12. Sprachlern*strategien*

Wer einmal versucht hat eine fremde Sprache zu erlernen, weiß, dass es Bereiche gibt, die wir eher intuitiv entwickeln, während wir andere bewusst erarbeiten. Teile unseres Wortschatzes, Regeln der Wortbildung oder Wortstellungen im Satz und einfache stilistische Mittel eignen wir uns meist bewusst an, Aussprache, Intonation und große Teile von Flexion und Syntax werden dagegen eher durch häufigen Sprachkontakt entwickelt. Worte werden in der Regel bewusst gebraucht, während Endungen und Vorsilben zunächst vernachlässigt werden.
Das hängt damit zusammen, dass wir uns zur Verständigung vor allem auf Inhalte konzentrieren und Formen nur dann reflektieren und thematisieren, wenn wir Verständigungsschwierigkeiten haben. Die *Sprachlernstrategien*, die Menschen bewusst oder unbewusst anwenden, dienen der Auswahl von Sprachmaterial sowie der Analyse und Kontrolle sprachlicher Mittel. Wir unterscheiden in diesem Zusammenhang zwischen Kommunikations-, Kompensations- und Sprachlernstrategien.
Sprachlernstrategien lassen sich im Zusammenhang mit bestimmten Schlüsselfragen und -aufforderungen erwerben und üben:

a) nach dem Namen einer Person fragen (Wer ist das?)
b) nach der Bezeichnung eines Gegenstands fragen (Was ist das?)
c) nach der Bedeutung eines Wortes fragen (Wie heißt das?)
d) jemanden um die Wiederholung einer Äußerung bitten (Bitte noch einmal!)
e) jemanden bitten, nicht zu schnell zu sprechen (Bitte langsamer!)
f) jemanden um Formulierungshilfen bitten (Wie sagt man das auf Deutsch?)
g) jemanden um Korrektur bitten (War das richtig?)

Kommunikationsstrategien wenden Kinder an um ein Gespräch zu beginnen oder aufrechtzuerhalten, obwohl ihnen bestimmte sprachliche Mittel noch nicht zur Verfügung stehen:

a) Sie umschreiben oder ersetzen Begriffe, die sie noch nicht kennen (Paraphrase/Substitution). Beliebte Ersatzwörter sind – wie bei deutschen Kindern – „machen“ und „tun“. (Er macht wie Fisch/= schwimmt. Er tut/= legt das Buch auf Tisch.)
b) Sie kreieren neue Wörter oder benutzen spontane Einmalbildungen (wie „unschnell“ an Stelle von „langsam“ oder „Haarschneider“ für „Friseur“).
c) Mimik und Gestik können zur Präzisierung eingesetzt werden (z.B. Schwimmbewegungen + „macht wie Fisch“) Das Kind kann sie jedoch auch zur Überbrückung von Wortschatzlücken als Kompensationsstrategie benutzen. (Schwimmbewegungen als Ersatz für „Ich bin geschwommen.“)

Kompensationsstrategien wenden Kinder ebenfalls an, wenn ihre sprachlichen Mittel in einer Situation nicht ausreichen:

a) Sie passen ihre Sprachproduktion ihren sprachlichen Mitteln an. Diese Strategie wird erkennbar, wenn sie in der Zweitsprache von einem Erlebnis nur in Stichworten erzählen, das sie in ihrer Familiensprache ausführlich und lebendig kommentiert haben. Diese Strategie nennen wir *inhaltliche Reduktion.*
b) Wenn Kinder *Mimik* und *Gestik* als Kompensationsstrategie einsetzen, bejahen oder verneinen sie unter Umständen Fragen ohne sie wirklich zu verstehen. Lehrkräfte, die diese Strategie erkennen, vertrauen deshalb bei Verständnisfragen nicht auf ein Kopfnicken des Kindes.
c) Manche Kinder sprechen in unvollständigen Sätzen und motivieren ihre Gesprächspartner auf diese Weise eine Äußerung zu beenden. Auch der *Gesprächsabbruch* kann eine Kompensationsstrategie sein, mit der Kinder verdecken, dass sie sich in bestimmten Sprachdomänen noch nicht angemessen verständigen können.
d) Eine andere Strategie, mit der Kinder ungewohnte Sprachdomänen verlassen (sich aus ihnen „hinausmogeln“), ist der *Themenwechsel.*

Während Kommunikationsstrategien von Kindern als Sprachlernstrategien genutzt werden können, verwenden sie Kompensationsstrategien häufig als Sprachvermeidungsstrategien. Kommunikationsstrategien sollten Kindern deshalb bewusst gemacht und ebenso positiv verstärkt werden wie der selbstständige Gebrauch von Sprachlernstrategien. Vermeidungsstrategien müssen dagegen erkannt und gezielt abgebaut werden. In beiden Fällen können einfache Rollenspiele ein geeignetes Medium sein.

13. Lernpräferenzen und Lernertypen

Das Erlernen einer fremden Sprache erfordert die Fähigkeit zum problem- oder aufgabenspezifischen Wechsel von Lernstrategien. Doch nicht alle Kinder lernen in gleicher Weise. Lehrkräfte sollten daher wissen, welche Lernpräferenzen ein Kind in die Schule mitbringt und welche Strategien von ihm bevorzugt gebraucht werden.
So wie es Kinder gibt, die optische oder akustische Medien und Lernhilfen bevorzugen, gibt es auch Lernertypen, die sich bei der Aneignung einer fremden Sprache vor allem auf die Aussprache und die Intonation konzentrieren, andere sammeln Wörter und wieder andere arbeiten am liebsten mit sprachlichen „Fertigbauteilen“, also mit Wendungen. Daneben gibt es – meist ältere – Kinder, die gerne nach Regeln suchen.
Die hier beschriebenen Lernertypen sind idealtypische Konstrukte, die wir in der Schulpraxis meist so nicht antreffen. Auch variieren die Sprachlerngewohnheiten und -strategien von Kindern je nach Aufgaben- oder Problemstellung. Deshalb ist es wichtig, Kindern bewusst zu machen, dass sie bestimmte Sprachlernstrategien erfolgreich eingesetzt haben, und ihnen zu zeigen, wie sie diese zielgerichtet wieder einsetzen können.

Es gibt Kinder, die ihren ersten Wortschatz auf Wort-Bild-Karten in „Schatzkästchen" sammeln. Andere schreiben Texte oder Textbausteine ab oder lernen sie auswendig um sie erfolgreich „vorlesen" zu können. Eltern und Großeltern regen Kinder gerne dazu an, sich Vokabelreihen in der Erst- und Zweitsprache aufzuschreiben und sie regelmäßig zu memorieren.
Diese Verschiedenheit der Lernstrategien in einer Klasse zu erkennen ist eine wichtige Voraussetzung für die individuelle Förderung jedes einzelnen Kindes. Damit können dem Kind auch unproduktive Lerngewohnheiten (wie das Memorieren von Vokabellisten) bewusst gemacht und der Aufbau anderer Strategien vorbereitet werden.
Sprachliche Lernstrategien und Verarbeitungspräferenzen von jüngeren und älteren Kindern unterscheiden sich nach dem jeweiligen Stand ihrer kognitiven Entwicklung. So haben kleine Kinder beispielsweise viel Vergnügen an Klangspielen, auch an Spielen mit Lauten oder mit Worten. Deshalb beschäftigen sie sich gerne mit Reimen und Zungenbrechern. Solches Spielen mit Sprache bereitet aber nicht nur Vergnügen. Es hat häufig auch einen positiven Nebeneffekt: die Sensibilisierung für sprachliche Regularitäten (z.B. für die Lautgesetze) und die Automatisierung von Artikulationsvorgängen.
Ältere Kinder sind auf Grund ihres höheren kognitiven Entwicklungsstandes bereits in der Lage mehrere sprachliche Aspekte gleichzeitig zu kontrollieren und zu verarbeiten. Manche von ihnen interessieren sich darum zunehmend für morphologische und syntaktische Zusammenhänge, während ihr Interesse an der Aussprache oder an neuen Wörtern abnimmt.

14. Anregende Sprachlernsituationen

Kinder lernen die Aussprache und Intonation einer fremden Sprache meist leichter als Jugendliche oder Erwachsene, sofern sie genügend sprachliche Anregungen erhalten. Solche Anregungen vermittelt der informelle Sprachkontakt mit deutschen Kindern und Erwachsenen im Rahmen von freiem Spiel oder freier Arbeit oder während der gemeinsamen Planung und Durchführung von Projekten. Ähnliche Effekte kann das bewusste Hören guter deutscher Sprecherinnen und Sprecher haben: Phasen, in denen die Lehrerin ein Märchen erzählt, eine Geschichte vorliest oder ein Lied oder Gedicht vorstellt, bieten ebenso anregende Hörgelegenheiten wie Kassetten oder CDs in der Audiothek der Klasse.
Fallanalysen aus Kindergärten belegen, dass viele Kinder auf ein neues soziales Umfeld, in dem in einer für sie fremden Sprache gesprochen wird, mit Aggression oder (häufiger) mit Regression reagieren, sich zum Beispiel verkriechen oder davonlaufen. Da kleine Kinder aber sensibler reagieren und stärker auf Zuwendung angewiesen sind als ältere Kinder, Jugendliche und Erwachsene, versuchen sie trotz oder auch wegen des psychosozialen Drucks, dem sie in solchen Situationen ausgesetzt sind, die Verkehrssprache ihrer jeweiligen Bezugsgruppe möglichst rasch zu lernen um mitspielen oder sich an Grup-

penaktivitäten beteiligen zu können. Ihre hohe Spracherwerbsmotivation entsteht also durch ihr Bedürfnis nach Kontakt mit Gleichaltrigen und nach Zuwendung von Erwachsenen.
Sobald ausländische Kinder in solchen Situationen jedoch auf Spiel- oder Gesprächspartner treffen, die ihre Sprache sprechen, verlieren sie einen wichtigen Anreiz zum Weiterlernen. Es besteht dann sogar die Gefahr, dass sie Erworbenes wieder verlernen. Ähnliche Reaktionen lassen sich bei ausländischen Grundschulkindern beobachten, die mit geringen Deutschkenntnissen dem „Sprachbad“ in einer deutschen Regelklasse ausgesetzt werden. Ihre Fluchtversuche aus der sie überfordernden Lernsituation werden sichtbar in auffällig ruhigem, zurückgezogenem Verhalten, in penetrantem, auf Zuwendung zielendem Störverhalten oder im Rückzug in die eigene Sprachgruppe.
Solange das Klassenzimmer für diese Kinder noch kein Ort geworden ist, an dem sie sich wohl fühlen können, soziale Bestätigung erhalten und sich bei Bedarf auch zurückziehen dürfen, werden sie kaum in der Lage sein hier erfolgreich zu lernen. Und solange in der Schule nichts geschieht, was sie persönlich betrifft und ihr Interesse weckt, wird es ihnen auch nur schwer gelingen, ihre eigenen Lernprozesse zu kontrollieren und zu strukturieren.
Jüngere Grundschulkinder profitieren vor allem von informellen Lernkontexten, in denen sie selbst entscheiden dürfen, ob sie mitmachen (Sprache produzieren) oder nur zuhören (Sprache rezipieren) wollen. Zuhören in einer fremden Sprache ist eine aktive Lernleistung. Dadurch können sprachliche Aneignungsprozesse ebenso begünstigt werden wie durch eine direkte, selbst oder fremdgesteuerte Teilnahme an Spielen und Gesprächen.

Manche Kinder verharren über längere Zeit, oft über mehrere Wochen, in einer rezeptiven Haltung, ehe sie sich im Unterricht zu Wort melden. Spätestens dann wird klar, dass sie auch während dieser stillen, rezeptiven Phase Sprache gelernt haben. Kinder verfügen allerdings auch schon früh über die Fähigkeit des Ausblendens. Lehrkräfte sollten ruhige und zurückhaltende Schüler deshalb phasenweise genauer beobachten um herauszufinden, ob sie sprachliche Anregungen still verarbeiten oder nur in Tagträume flüchten.

Wir kennen Grundschulklassen in Stadtvierteln mit einem hohen Anteil ausländischer Wohnbevölkerung, in denen nur noch zwei oder drei deutsche Kinder mit Gleichaltrigen verschiedenster Nationalitäten lernen. Solche Klassen spiegeln die Normalität des Wohnumfeldes der Kinder. Wollte man den Anteil deutscher Kinder in diesen Klassen erhöhen um die Sprachlernsituation der deutschen wie der ausländischen Kinder symmetrischer zu gestalten, müssten die Sprengelgrenzen der Schulen aufgehoben und damit auch das Prinzip der wohnortnahen Grundschule aufgegeben werden. Entsprechende Versuche hat es in der Vergangenheit gegeben (z.B. das Krefelder Modell).

Die Nachteile solcher Modelle sind bekannt: Die Schülerinnen und Schüler werden abhängig von öffentlichen Verkehrsmitteln oder Schulbussen und erleben die mit weiten Schulwegen verbundenen zeitlichen und organisatorischen Belastungen. Schulfreundschaften können nachmittags nicht als Spielfreundschaften intensiviert werden.

Wenn gegenwärtig in den neuen Bundesländern um den Erhalt der „kleinen Grundschule" gekämpft wird, werden zum Teil dieselben grundschulpädagogischen und psychologischen Argumente für die wohnortnahe Schule ins Feld geführt, die bereits gegen die Einrichtung von *Busing-Systemen* und Zentrumsschulen für ausländische Grundschulkinder vorgebracht wurden. Wir wollen sie an dieser Stelle nicht wiederholen (vgl. Akg 1996).

Im Hinblick auf die Sprachförderung im gemeinsamen Unterricht ausländischer und deutscher Kinder entsteht ein weiteres Problem: Wenn der Schulort nicht identisch ist mit dem alltäglichen Lebens- und Erfahrungsraum der Kinder, entfällt für viele Alltagsthemen die gemeinsame Gesprächsgrundlage. Denn gemeinsame Erlebnisse und Erfahrungen von Kindern können im Grundschulunterricht in doppeltem Sinne sprachlich verarbeitet werden:

a) Im Sinn gemeinsamer Lebenswelterschließung und -bewältigung sind sie *echter* Gesprächsanlass über ein für Kinder relevantes Problem;
b) im Sprachunterricht werden sie dann zum Lerngegenstand und dienen der Erweiterung des Wortschatzes und der Einführung und Festigung syntaktischer Strukturen.

Dazu ein Beispiel: Kinder, die auf einem gemeinsamen Schulweg eine gefährliche Kreuzung oder eine für sie gruselige Fußgängerunterführung passieren müssen, können über die Ängste und Erfolgserlebnisse, die sie mit diesen Orten verbinden, im Morgenkreis sprechen. In der wohnortnahen Schule kennen die meisten der anwesenden Kinder die geschilderten Orte und die Gefahren, die sie damit assoziieren. Sie können also teilnahmsvoll zuhören, eigene Erlebnisse beisteuern, Ratschläge erteilen und damit in einer informellen Gesprächssituation die Grundlagen für den formalen, didaktisierten Zugang zum selben Thema legen. In dieser Phase könnten dann gute Ratschläge (in Form von Imperativ-Konstruktionen) formuliert werden. Das Produkt einer solchen Sequenz kann ein Poster zur Verkehrserziehung sein, das gleichzeitig sprachliche Lernergebnisse sichert: Geh nur bei Grün! Achte auf Abbieger! Nimm Blickkontakt (mit dem Fahrer) auf!

Ein solches Vorgehen berücksichtigt

a) *informelle* Phasen des Sprachenlernens,
b) die Einführung und Sicherung *formaler Strukturen* der deutschen Schriftsprache in einer gesteuerten Lernphase,
c) die fächerübergreifende Verbindung von Sprach- und Sachunterricht,
d) den *umfassenden grundschulpädagogischen Lehrauftrag* Kinder bei der Erschließung ihrer Lebenswelt und bei der eigenständigen Lösung ihrer Alltagsprobleme zu unterstützen.

15. Sprachleistungsbewertung und sprachliche Bezugsnormen

Vielfach wird beklagt, dass ausländische Kinder nicht über ausreichende Sprachkenntnisse verfügen. Von sprachlichen Defiziten ist dann die Rede oder freundlicher von sprachlicher Differenz. Ein Vergleich mit Äußerungen monolingualer deutscher Kinder kann diesen Eindruck erwecken, vor allem dann, wenn man zur Beurteilung hochsprachliche Normen der deutschen Sprache (z.B. die Duden-Norm) heranzieht. Dieser erste Eindruck trügt, zumal die Streuung der Sprachleistungen innerhalb der Gruppe zweisprachig aufwachsender Kinder größer ist als bei deutschen Kindern, die unter monolingualen Bedingungen aufwachsen.
Weil wir uns daran gewöhnt haben, nur die deutsche Sprachkompetenz von Kindern zu beurteilen und in Leistungsbewertungen zu fassen, nehmen wir die Leistungen, die das Kind im Verlauf des Erwerbs seiner Erstsprache bereits erbracht hat, nicht wahr. Wenn wir selbst nicht bilingual sind, sehen wir diese Leistung nicht. Wir erfassen und beurteilen nur einen Teil der kommunikativen Kompetenz zweisprachiger Kinder, nämlich ihre Kompetenz in ihrer „schwachen" Zweitsprache Deutsch.
Eine systematische Einschätzung des Spracherwerbsniveaus und der sprachlichen Leistungen eines Kindes müsste sich daher auf seine Erst- und auf seine Zweitsprache, also auf seine Familien- und seine Schulsprache, beziehen. Würde man beispielsweise die Zahl der Wörter, die ein zwei- oder dreisprachig aufwachsendes Kind beherrscht, addieren, so könnte man feststellen, dass es über einen sehr viel größeren Wortschatz verfügt als ein gleichaltriges monolinguales Kind. Solche Analysen sind für die Schulpraxis nur in Ausnahmefällen möglich. Sie wären jedoch eine wichtige Voraussetzung für die differenzierte Erfassung des sprachlichen Entwicklungsstandes.

Ob wir die Sprache von Kindern als *defizitär, different,* als *altersgemäß entwickelt* oder *überdurchschnittlich differenziert* kategorisieren, hängt also von den Kriterien ab, die wir zu ihrer Beurteilung heranziehen. In diese Beurteilung gehen auch unsere persönlichen Zweit- und Fremdsprachkompetenzen und unsere eigene Bewertung der Familiensprache eines Kindes ein. Wer die Entwicklung des monolingualen Kindes zur Bezugsnorm für zweisprachig aufwachsende Kinder macht, vernachlässigt die Besonderheit ihrer Lerngeschichte.

Wir stellen häufig fest, dass die spezifischen Zweitsprachprobleme bilingualer Kinder nicht erkannt werden, weil die Kinder das sprachliche Register der Umgangssprache (oberflächlich betrachtet) angemessen beherrschen. Die Kinder scheinen also flüssig deutsch zu sprechen und keine besondere Sprachförderung und auch keine Sonderbehandlung im Bereich der Leistungsbewertung mehr zu benötigen, wie sie durch die Erlasse der einzelnen Bundesländer festgelegt wurden (vgl. die Zusammenstellung bei GLUMPLER 1992). Systematische Beobachtungen decken bei denselben Kindern jedoch vielfach Sprachvermeidungsstrategien auf. Das heißt:

a) Die Kinder benutzen nur einige wenige Begriffe und Formulierungen um sich zu verständigen.
b) Sie sprechen nicht in ganzen Sätzen und vermeiden auf diese Weise fehlerhafte Formulierungen.
c) Sie ersetzen Sprache durch Mimik und Gestik.
d) Sie signalisieren der Lehrperson auch dann mimisch und gestisch „Verstehen" (z.B. durch Lächeln und Nicken), wenn sie eine Erklärung oder Anweisung nicht oder nicht vollständig verstanden haben, und imitieren die Handlungen der deutschen Kinder um zu verbergen, dass sie dem Unterrichtsverlauf sprachlich nicht folgen können.

Wir empfehlen deshalb das Sprachniveau eines jeden – des deutschen wie des ausländischen – Kindes in der Ganzheit seines individuellen Sprachlernprozesses zu analysieren und nicht das deutsche Mittelschichtskind oder die durchschnittliche Sprachkompetenz gleichaltriger deutscher Kinder als Bezugsnorm zu betrachten.

16. Konsequenzen für eine Konzeption des gemeinsamen Sprachunterrichts mit ausländischen u. deutschen Kindern

Zielebene: Wenn im gemeinsamen Unterricht ausländischer und deutscher Kinder jedes Kind unter Berücksichtigung seiner spezifischen Sprachlernvoraussetzungen gefördert werden soll, entspricht dies einer Forderung, die die Vertreter des Spracherfahrungsansatzes bereits in der ersten Hälfte der 80er Jahre für den Schriftspracherwerb in der Erstsprache formuliert haben: *Wir müssen erkennen und fördern, was Kinder schon können.* Zum Erkennen und Fördern dessen, was ein ausländisches oder ausgesiedeltes Kind in seiner Erstsprache und in der Zweitsprache Deutsch bereits kann, bedarf es eines eigenständigen diagnostischen Verfahrens. Im nachfolgenden Kapitel zum Thema *Lernvoraussetzungen* fassen wir deshalb Hinweise zur Lern- und Sprachstandsdiagnose zusammen.

Inhaltsebene: Wenn durch informelle Lernsituationen für den Erst- und Zweitspracherwerb von jüngeren Grundschulkindern günstigere Bedingungen für Sprachförderung und -entwicklung geschaffen werden als in formal geplanten, lehrergesteuerten Unterrichtssequenzen, sollte das, worüber Kinder in informellen Situationen in der Schule reden, worüber sie nachdenken und was sie gerne für sich und andere Kinder aufschreiben möchten, auch zum Lerninhalt werden.
Spracharbeit in der mehrsprachigen Klasse umfasst mehr als den im Stundenplan auf fünf oder sechs Schulstunden begrenzten Sprachunterricht in der Tradition des Muttersprachunterrichts. Sie findet in allen Fächern der Grundschule statt.

Das Prinzip des persönlich bedeutsamen Lernens prägt inzwischen viele Grundschullehrpläne. Umgesetzt wurde es seit den 80er Jahren in den Sachunterrichtsplänen, die ihr Themensspektrum aus der Perspektive des Kindes beziehungsweise kindlicher Lebens- und Erfahrungswelten formulieren und begründen. Es bietet sich daher an, Inhalte des Sprachunterrichts und Inhalte des Sachunterrichts in der Unterrichtsplanung konsequent aufeinander zu beziehen. Dadurch wird auch die systematische Berücksichtigung fachsprachlicher Aspekte des Sachunterrichts im Sprachunterricht möglich.
Inhaltliche Verbindungen von mathematischem und sprachlichem Lernen können hergestellt werden, wenn im offenen Grundschulunterricht Rechenanlässe aus dem Alltag der Kinder Lerngegenstand sind und Kinder Aufgaben selbst formulieren dürfen.

Methodische Ebene: Die Integration von informellen und formalen Lernsequenzen wird möglich, sobald der Tages- und Wochenplan der Klasse Phasen freier Arbeit vorsieht, in denen die Kinder selbst bestimmen können, was sie zu welchem Zeitpunkt alleine oder mit anderen tun wollen. Da bestimmte Sprachlernprozesse besser in kontrollierten, d.h. in gesteuerten Situationen gefördert werden können, sind Freiarbeitsphasen auch der Zeitraum, in dem die Lehrkraft sich nur einem Kind oder einer Gruppe widmen kann, während sich die übrigen Kinder anderen Aufgaben zuwenden.
Konzepte offenen Unterrichts, die auf die Steuerung und die Korrektur kindlicher Sprache weitgehend verzichten, sind für die Arbeit mit ausländischen Kindern ungeeignet, weil sie sprachliche Differenzen der Lernausgangslagen deutscher und ausländischer Kinder hinnehmen, sie aber nicht auszugleichen versuchen und auch keine systematischen Anregungen zur Erweiterung der Schriftsprachkompetenz vermitteln. Der Gebrauch defekter Formen, die die Kinder in informellen Situationen erworben haben, wird durch solchen Unterricht ebenso begünstigt wie die Entstehung von Fossilierungen.

Mediale Ebene: Wenn wir fördern wollen, was ein Kind bereits kann, muss das Medienangebot auf die sprachlichen Möglichkeiten der Kinder abgestimmt werden. Fertige Medienpakete, die die spezifische Lernausgangslage der eigenen Klasse angemessen berücksichtigen, sind in der Regel auf dem Lehrmittelmarkt nicht erhältlich, dafür aber eine Fülle von Ideen und Materialien für die Ausstattung von Klassenräumen, die Kinder zum selbstständigen Arbeiten in einer kommunikativen Lernatmosphäre anregen können. Sprachlernmedien lassen sich nach den vier Grundfertigkeiten ordnen, die für die Entwicklung sprachlicher Kompetenz wichtig sind. Wir unterscheiden zwischen

a) Medien, die genaues Hören und Hörverstehen fördern (der *Audiothek* im Klassenzimmer),
b) Medien, die zum Nachschlagen anregen und zum Lesen und Schmökern verführen (der *Klassenbibliothek*),
c) Medien, die zu bewusstem und kontrolliertem Sprechen auffordern (dem *Tonstudio*),
d) Medien, die die schriftliche Sprachproduktion für sich selbst und andere unterstützen (der *Druckerei*).

Sprachlernmedium kann darüber hinaus grundsätzlich alles sein, was das Kind selbst sprachlich produziert, unabhängig davon, wie perfekt solche Produkte bereits sind. Die Fehler, die Kinder in ihrer Erst- und Zweitsprache machen, liefern häufig gute Hinweise auf die Bereiche, in denen sie sprachliche Hilfen benötigen und die für die weiterführende Arbeit wichtig sind.

17. Zur Bedeutung der Familiensprache

Die Bedeutung der Familiensprache für die kognitive Entwicklung und für die Identitätsentwicklung ausländischer Kinder und Jugendlicher ist seit langem bekannt. Die Bundesarbeitsgemeinschaft der Immigrantenverbände in der Bundesrepublik Deutschland und Berlin West hat deshalb bereits Anfang der 80er Jahre die Argumente für die schulische Förderung der Herkunftssprachen der Kinder sprachlicher Minderheiten in einer umfangreichen Dokumentation zusammengefasst und ein *Memorandum zum Muttersprachlichen Unterricht* vorgelegt (vgl. BAGIV 1985).

- Eine weitere Dokumentation zum muttersprachlichen Unterricht für ausländische Schüler wurde im Rahmen eines Modellversuchs vom Landesinstitut für Schule und Weiterbildung in Soest erstellt (vgl. RIXIUS/THÜRMANN 1987).
- Praxisrelevante Anregungen für die Konzeption und Gestaltung von bilingualem (deutsch-türkischem) Unterricht in der Primarstufe vermitteln die von ZIMMER herausgegebenen Bände der Reihe „Interkulturelle Erziehung in der Grundschule", die die Arbeitsergebnisse eines Berliner Modellversuchs zusammenfassen (vgl. AKPINAR u.a. 1989 sowie weitere Literaturhinweise im dritten Kapitel).
- Praxismodule aus einem bilingualen deutsch-spanischen Modellversuch in Nürnberg hat KUPFER-SCHREINER 1994 dokumentiert und sprachdidaktisch begründet.

An den hier zitierten Modellversuchen waren ausländische Lehrerinnen und Lehrer maßgeblich beteiligt. Trotz der unbestrittenen Erfolge solcher Modelle mit mehrsprachigem Lehrpersonal haben deutsche Lehrerinnen und Lehrer bis heute nur in Ausnahmefällen Gelegenheit mit bilingualen Lehrkräften aus den Herkunftsländern ausländischer und ausgesiedelter Kinder zusammenzuarbeiten. Muttersprachlicher Unterricht wird in der Regel als Ergänzungsunterricht am Nachmittag erteilt. Eine systematische Verknüpfung mit dem regulären Unterricht am Vormittag ist, selbst wenn sie von den Lehrkräften gewünscht würde, meist nicht möglich. Damit fehlt nicht nur eine wesentliche Voraussetzung für die Realisierung zweisprachiger Erziehungskonzepte im Schulalltag. Erschwert wird auch die sprachstandsdiagnostische Arbeit mit Kindern, die ohne deutsche Sprachkenntnisse in die Schule kommen.

Damit befinden wir uns in einem Dilemma: Wir wissen, wie kindliche Sprachkompetenz im Fall bilingualer Kinder optimal zu bestimmen wäre. Wir wissen jedoch auch, dass die Mehrheit der Lehrkräfte, die mit dieser Aufgabe betraut ist, nicht über die erforderlichen Kompetenzen in mehreren Sprachen verfügt. Solange in deutschen Grundschulkollegien nur wenige bilinguale Lehrerinnen und Lehrer tätig sind, fehlen die Voraussetzungen für eine umfassende Diagnose der Sprachentwicklung bilingualer Kinder. Wir haben selbst in unserer eigenen Unterrichtspraxis nach Auswegen aus diesem Dilemma gesucht. Denn auch wir beherrschen nur ein paar Fremdsprachen. Und wir sprechen längst nicht alle Sprachen gut, die wir auf Grund der Zusammensetzung unserer jeweiligen Klassen hätten beherrschen müssen.

Die Beobachtungs- und Bewertungsverfahren, die wir im nächsten Kapitel beschreiben und begründen, können deshalb im Hinblick auf die Familiensprachen der Kinder nur Annäherungen an systematische Sprachstandsanalysen vorschlagen. Wer das Glück hat, an einer Schule zu arbeiten, in der ausländische und deutsche Kolleginnen und Kollegen kooperieren, sollte diese Chance auch für Sprachstandsdiagnosen nutzen.

Lernvoraussetzungen feststellen

Wie kann ich eine Klasse kennenlernen, in der ein Teil der Kinder meine Sprache nicht spricht?

Bei der Feststellung der allgemeinen und der sprachlichen Lernvoraussetzungen eines Kindes konzentrieren sich viele Lehrkräfte zunächst auf persönliche Eindrücke. Eigene Beobachtungen und Notizen werden später mit den Informationen und Gutachten anderer Institutionen verglichen, die in der Schülerakte des Kindes enthalten sind. Sich selbst ein unvoreingenommenes Bild zu schaffen ist das Ziel dieses lerndiagnostischen Vorgehens.
Im Fall von Ausländer- und Aussiedlerkindern kann es jedoch wichtig sein, sich der Lernbiografie eines Kindes auf formalem Weg zu nähern und sich zunächst über seinen Aufenthaltsstatus in Deutschland zu informieren. Denn die Entwicklung und die Verhaltensweisen dieser Kinder lassen sich in vielen Fällen nur vor dem Hintergrund ihrer Migrations- oder Fluchtgeschichte angemessen interpretieren. Dazu einige Beispiele:

- Maria ist Italienerin. Ihre Großeltern sind Arbeitsmigranten der ersten Generation. Sie kamen bereits in den 60er Jahren nach Deutschland. Maria spricht dennoch kaum Deutsch.
- Anna kommt aus Polen. Die Eltern haben sie und ihren jüngeren Bruder nach Deutschland nachgeholt, obwohl sie nicht mit einer Anerkennung als Spätaussiedler rechnen können. Die Familie spricht nicht Deutsch.
- Ahmet kommt aus dem Iran. Unter seiner Bank findet die Lehrerin ein Englischbuch für Anfänger, das ihm seine Mutter soeben in Deutschland gekauft hat.
- Max kommt aus Kasachstan. Er spricht ein altertümliches Deutsch. Deswegen lachen ihn manche Kinder aus. Er reagiert auf ihren Spott mit brutalen Schlägen.
- Murat und Serkan kommen beide aus der Türkei. Sie liefern sich in der Schule immer wieder Wortgefechte und Schlägereien, weil Murat den anderen Kindern erklärt, Serkan würde sowieso bald wieder „nach Hause geschickt" werden. Und das sei auch richtig so, weil die Kurden in Deutschland nur Ärger machten.
- Branca ist Kroatin. Ihre Familie will nach dem Ende des Bürgerkriegs wieder in ihre Heimatstadt zurückkehren.
- Die Eltern von Benazir haben einen Asylantrag gestellt, aus dem hervorgeht, dass die Familie aus Afghanistan kommt. Im Schulhof wird Benazir jedoch immer wieder von anderen Flüchtlingskindern gehänselt: die Familie stamme – so die Behauptung der Kinder – in Wahrheit aus Pakistan.

Alle hier skizzierten Szenarien haben wir in der Schulpraxis erlebt. In allen Fällen lassen sich ausländerrechtliche und aufenthaltsrechtliche Faktoren bestimmen, die Einfluss auf die Lernsituation der Kinder in Deutschland und auf ihre Zweitspracherwerbsmotivation haben.

1. Aufenthaltsstatus und Sprachlernmotivation

Migranten-, Aussiedler- und Flüchtlingskinder haben oft vergleichbare sprachliche Lernprobleme. Formal gelten für sie jedoch in den verschiedenen Bundesländern unterschiedliche Schulpflicht- und auch unterschiedliche Sprachförderregelungen (siehe dazu GLUMPLER 1992).

Flüchtlingskinder sind in einer Reihe von Bundesländern nur dann schulpflichtig, wenn von vornherein feststeht, dass sie auch nach Ablehnung des Asylantrags in Deutschland bleiben dürfen. Kinder, die nicht der Schulpflicht unterliegen, können jedoch freiwillig (zum Beispiel als Gastschüler) am Unterricht teilnehmen.

Für die Eltern von Benazir und Serkan war lange Zeit nicht klar, ob ihren Asylanträgen stattgegeben werden würde und ob sie im Fall einer Ablehnung mit einer Rückführung (aus ihrer Sicht einer Abschiebung) würden rechnen müssen. Diese Unsicherheit übertrug sich auf die Kinder. Gerüchte über den Verlauf von Anerkennungsverfahren, wie sie im Fall von Benazir in der Schule kursierten, belasten die Spracherwerbssituation von Flüchtlingskindern zusätzlich. Wenn Kinder Angst haben müssen durch unvorsichtige Äußerungen die Zukunft der Familie zu gefährden, sprechen sie ungern mit und vor anderen Kindern.
Die Eltern von Ahmet hatten zwar in Deutschland Asyl beantragt. Sie betrachteten die Bundesrepublik Deutschland jedoch nur als Transitland, von dem aus sie bald zu Verwandten in die USA ziehen wollten. Deshalb war es ihnen auch nicht wichtig, ob Ahmet in der Schule Deutsch lernte. Dass sie mehr als zwei Jahre in einem Flüchtlingsheim in der Bundesrepublik würden bleiben müssen, hatten sie nicht erwartet.

Für viele Flüchtlingskinder ist die deutsche Grundschule eine Institution, die sie auf Grund der rechtlichen Bestimmungen nur „als Gast“ oder nur „auf Zeit“ besuchen. Ihnen das Gefühl zu vermitteln, dass sie auch auf Dauer willkommen sind, ist eine wichtige Voraussetzung für die Entwicklung ihrer Sprachlernmotivation.

Aussiedlerkinder haben Eltern oder Großeltern, die als Volksdeutsche beziehungsweise als Statusdeutsche im Sinne von Artikel 116 Abs. 1 des Grundgesetzes der Bundesrepublik Deutschland anerkannt worden sind. Ihr Rechtsstatus ist durch das Bundesvertriebenen- und Flüchtlingsgesetz (BFVG) geregelt. Nach Abschluss der Anerkennungsverfahren sind sie deutsche Staatsbürger. Ein Garantiefonds des Bundes unterstützt die schulische, berufliche und gesellschaftliche Eingliederung von Aussiedlerkindern. Er finanziert Eingliederungskurse und individuellen Nachhilfeunterricht.

Max hatte in Kasachstan von seiner Großmutter Deutsch gelernt. Von ihr hatte er die heute ungebräuchlichen, altertümlichen Wendungen übernommen, über die sich seine Mitschüler amüsierten. Er und seine Eltern sprachen anfangs sehr viel besser Russisch als Deutsch. In Kasachstan wurde Max in der Schule gehänselt und verprügelt, weil seine Familie der deutschen Minderheit

angehörte und einen Ausreiseantrag gestellt hatte. In der deutschen Schule wehrte er sich mit denselben Mitteln gegen den Spott deutscher Mitschüler. Das Sprechen der deutschen Sprache war für ihn in beiden Ländern mit Diskriminierungserfahrungen verbunden.
Annas Eltern sprachen kaum Deutsch, als sie in die Bundesrepublik kamen. Sie versuchten mit Hilfe von Dokumenten ihrer Großeltern nachzuweisen, dass diese im Dritten Reich im deutschen Grenzgebiet „sammeleingebürgert" worden waren. Auf dieser Grundlage beantragten sie ihre eigene Anerkennung als Volksdeutsche. Nachdem dieser Antrag abgelehnt worden war, stellten sie einen Antrag auf Asyl, dem ebenfalls nicht stattgegeben wurde. Anna hatte auf Grund ihres Status kein Anrecht auf die Finanzierung von Deutschkursen und Nachhilfeunterricht durch den Garantiefonds.

Wie der Fall von Anna zeigt, befinden sich Spätaussiedlerkinder und Flüchtlingskinder in einem vergleichbaren Zustand der Aufenthaltsunsicherheit, solange ihr Rechtsstatus nicht geklärt ist. In dieser Phase wechseln sie mehrfach den Aufenthaltsort (z.B. vom Übergangsheim in die Flüchtlingsunterkunft) und damit auch die Schule. Eine konsequente Förderung in der Zweitsprache ist auch bei Aussiedlerkindern daher erst möglich, wenn ihr Aufenthaltsstatus eindeutig geklärt ist.
Der Fall von Max macht deutlich, dass Aussiedlerkinder zwar formal als Deutsche anerkannt und in den Schulstatistiken auch als Deutsche geführt werden. Sie sind jedoch auch in Deutschland lange Zeit sprachlich als Fremde erkennbar und diskriminierbar.

Migrantenkinder sind in der Regel Bürger des Landes, aus dem ihre Eltern und Großeltern stammen. Ihr Aufenthaltsstatus in der Bundesrepublik ist abhängig vom Aufenthaltsstatus ihrer Eltern. Sofern sie Staatsangehörige eines EU-Staates sind, gilt für sie die Freizügigkeit des Aufenthalts in allen EU-Staaten. Sie benötigen für die Einreise in die Bundesrepublik Deutschland kein Visum und keine Aufenthaltsgenehmigung.

Italien ist EU-Mitglied. Italienische Arbeitsmigranten haben daher jederzeit die Möglichkeit ihren Aufenthaltsort dem Arbeitsmarkt anzupassen. Für Kinder wie Maria gilt, dass sie zwischen dem deutschen und dem italienischen Schulsystem wechseln dürfen, so oft dies ihre Eltern für angebracht halten. Die Motive für solche Wechsel sind vielfältig:
- Manche Familien verbringen nicht nur den Urlaub in Italien, sondern bleiben dort für längere Zeit, wenn die Eltern in Deutschland vorübergehend arbeitslos geworden sind.
- Wenn sich in Deutschland Kinderbetreuungsprobleme ergeben, verbringen die Kinder einige Monate oder ganze Schuljahre bei den Großeltern.
- Im Fall von Maria war am Ende der ersten Jahrgangsstufe von der deutschen Lehrerin ein Verfahren zur Überprüfung der Sonderschulbedürftigkeit eingeleitet worden. Daraufhin hatten die Eltern sie in der Schule ihres italienischen Heimatortes angemeldet. Als sie zwei Jahre später wieder nach Deutschland zurückgeholt wurde, hatte sie Deutsch fast verlernt.

Murat und Serkan haben zwar beide einen türkischen Pass. Damit enden jedoch bereits die Gemeinsamkeiten. Murat ist der Enkel eines Arbeitsmigranten aus der türkischen Schwarzmeerregion, dessen Familie seit drei Generationen in Deutschland lebt. Murat geht davon aus, dass seine Familie oder zumindest seine Eltern langfristig in Deutschland bleiben werden. Sie verfügen in Deutschland über eine Arbeits- und Aufenthaltserlaubnis. Murat spricht besser Deutsch als Türkisch und wurde nicht mehr zum muttersprachlichen Unterricht angemeldet. Wenn er erwachsen

ist, wird er vermutlich vor der Wahl stehen, ob er türkischer Staatsbürger bleiben oder die deutsche Staatsbürgerschaft annehmen will.
Serkans Eltern sind dagegen erst vor kurzem als Asylbewerber nach Deutschland gekommen. Als Kurden sprechen sie nur wenig Türkisch und kein Deutsch. Sie gehören der bis vor wenigen Jahren in der Türkei verfolgten religiösen Minderheit der Aleviten an. Der Mehrheit der türkischen Arbeitsmigranten in Deutschland fühlen sie sich deshalb aus politischen und weltanschaulichen Gründen nicht verbunden. Mit der Gewährung einer Arbeitserlaubnis können sie während des Asylverfahrens nicht rechnen. Damit bleibt für Serkan unklar, wo er in den nächsten Jahren leben und in die Schule gehen wird. Diese Lage erschwert seine Eingliederung in die deutsche Klasse, in der auch Migrantenkinder unterrichtet werden, die sich als „richtige" Türken fühlen.

Die Kultusministerien der deutschen Bundesländer haben zum Teil sehr widersprüchliche Richtlinien, Verordnungen und Vorschriften zur Förderung von Ausländer- und Aussiedlerkindern erlassen. Dies gilt insbesondere für die Verordnungen im Bereich der Sprachförderung und der Leistungsbewertung. In unserem Zusammenhang ist das Wissen um den Rechts- und Aufenthaltsstatus von Kindern wie Max, Benazir, Maria oder Ahmet jedoch nicht nur aus diesen formalen Gründen von Bedeutung. Es ist gleichzeitig eine wichtige Grundlage für die Bestimmung ihrer Spracherwerbsbiografien und ihrer individuellen sprachlichen Lernvoraussetzungen.

2. Erfassen und Bewerten kindlicher Sprachkompetenz

In der Sprachdidaktik wird differenziert nach den vier *Grundfertigkeiten* (Hörverstehen, Sprechen, Lesen und Schreiben) und *sprachlichen Kenntnissen* (bezogen auf Wortschatz, Aussprache, Graphemik und Grammatik). Diese Kenntnisse und Fertigkeiten werden unter dem Begriff *sprachliche Kompetenz* zusammengefasst. Jemand gilt in einer Sprache als kompetent, wenn er diese Sprache verstehen, sprechen, lesen und schreiben kann, über einen angemessenen Wortschatz verfügt und die grammatischen Regeln beherrscht. In ihrer Erstsprache, ihrer sogenannten starken Sprache, verfügen bereits Schulanfänger über eine *sprachliche Intuition*, die umgangssprachlich als *Sprachgefühl* bezeichnet wird. Deshalb sind sie in der Lage, sprachliche Fehler auch dann zu erkennen, wenn sie die grammatische Regel noch nicht benennen können, gegen die mit einem Fehler verstoßen wurde. In ihrer zweiten Sprache entwickeln Kinder solche Intuition meist nur dann, wenn sie sie gleichzeitig mit ihrer ersten Sprache in der frühen Kindheit erworben haben und beide Sprachen gleich gut entwickeln konnten. Kinder, die eine Zweitsprache nachzeitig, also nach ihrer Erstsprache, gelernt haben oder lernen, verfügen nur selten über eine vergleichbare sprachliche Intuition.
Das bedeutet: Was ein deutscher Schulanfänger im Deutschen intuitiv beherrscht, kann sich ein zweisprachig aufwachsendes Kind, dessen Erstsprache nicht Deutsch ist, oft nur mit Hilfe von Regeln erschließen. Deshalb ist es stärker auf die bewusste Aneignung von sprachlichen Normen und Regeln und auf gesteuertes Sprachenlernen in der Schule angewiesen.

Da die meisten Kinder schriftsprachliche Kompetenz in ihrer Familiensprache erst in der Grundschule erwerben, unterscheiden sich die sprachlichen Kompetenzen von deutschen und ausländischen Schulanfängern im Wesentlichen im Bereich der Grundfertigkeiten Hörverstehen und Sprechen. Die Fertigkeiten Lesen und Schreiben sind nur bei den Grundschulkindern von Bedeutung, die als sogenannte Seiteneinsteiger aus einem anderen Schulsystem in die deutsche Klasse kommen. Die nachfolgend beschriebenen Beobachtungs- und Diagnoseschritte konzentrieren sich daher auf die Einschätzung mündlicher Sprachkompetenzen im Schuleingangsbereich.

Schritt 1: Sprachbeobachtungen und -aufnahmen vor Schulbeginn

Wir kennen Grundschulen, die die Schulaufnahme deutscher und ausländischer Kinder regelmäßig als pädagogisch begleitete Eingangsphase gestalten. Barbara Schlotmann und andere Mitarbeiterinnen der Regionalen Arbeitsstellen zur Förderung ausländischer Kinder und Jugendlicher (RAA) in Nordrhein-Westfalen haben das Konzept einer *Beobachtungswoche vor Schulbeginn* entworfen, die Lehrerinnen und Lehrern bereits vor oder in den Sommerferien Gelegenheit gibt sich ein differenziertes Bild von der Kommunikationsfähigkeit ihrer ausländischen Schulanfänger zu verschaffen (siehe dazu den Beobachtungsbogen bei APELTAUER u.a. 1983, S. 31/32). Im Rahmen des Hanauer Modellversuchs „Sozialisationshilfen und Sprachförderung für ausländische Kinder in Vorlaufgruppen" wurden vergleichbare Beobachtungsbögen für die Phase vor dem Übergang zur Grundschule entworfen (siehe die Beobachtungshilfen bei DIEHM 1993, S. 218 f.).

Viele ausländische und Aussiedlerkinder, die vor Schulbeginn nicht in speziellen Schulvorbereitungsgruppen angemeldet waren, können erfahrungsgemäß durch vorlaufende Beobachtungsverfahren nicht erfasst werden. Mit diesen Kindern bei der Schulanmeldung oder in der ersten Schulwoche Sprachstandserhebungen durchzuführen ist nicht sinnvoll, weil ihre kommunikative Kompetenz durch soziale Situationen, die ihnen nicht vertraut sind, eingeschränkt wird. Bereits bei der Schulanmeldung können jedoch allgemeine Informationen über die bisherigen Sprachkontakte und Sprachgewohnheiten des Kindes erfragt werden.

Schritt 2: Gewinnung von Sprachinformationen bei der Schulanmeldung

Werden ausländische und Aussiedlerkinder im Rahmen des regulären Schulanmeldeverfahrens ihrer zukünftigen Schulleiterin oder ihrer neuen Lehrerin vorgestellt, können diese mit Unterstützung der Eltern erste Informationen erhalten, die die systematische Bestimmung des kindlichen Sprachstandes später erleichtern. Geklärt werden kann zum Beispiel:

- Welche Sprache ist die Familiensprache des Kindes?
- Hat das Kind einen deutschen oder einen multinationalen Kindergarten besucht?
- Hatte es regelmäßigen Kontakt mit anderen deutschen Betreuungspersonen?
- Hat es Freunde in der Nachbarschaft? Welche Sprachen sprechen seine Freunde?
- Hat es bereits Freunde in seiner zukünftigen Grundschule? Wenn ja, in welcher Klasse?
- Hat es regelmäßigen Kontakt zu Gruppen oder Institutionen, in denen seine Familiensprache gesprochen oder unterrichtet wird?
- Welcher Statusgruppe gehören die Eltern des Kindes an? (Sind sie Arbeitsmigranten, Aussiedler oder Asylsuchende/Asylberechtigte?)

Fragebögen erleichtern das Notieren von Auskünften, die in diesem Zusammenhang eingeholt werden. Die erhobenen Daten vermitteln der zukünftigen Lehrkraft einen ersten, noch sehr allgemeinen Eindruck über die sprachlichen Gewohnheiten und Erfahrungen des Kindes. Für die Eltern können solche Eingangsgespräche – sofern sie mit der gebotenen Sensibilität geführt werden – mit der angenehmen Erfahrung verbunden sein, dass man sich in der Schule für sie und ihr Kind Zeit nimmt und interessiert.

Elternfragebogen:
In welcher Sprache sprechen Sie zu Hause mit Ihrem Kind?

	immer FS	meist FS	meist DS	immer DS
Mutter				
Vater				
Großmutter				
Großvater				
ältere Geschwister				

FS (= Familiensprache) DS (= deutsche Sprache)

Eltern und andere Erziehungsberechtigte sollten während der Schulanmeldung nicht darum gebeten werden, eigene Einschätzungen darüber abzugeben, ob und wie gut ihr Kind die deutsche Sprache beherrscht. Solche Aussagen sind meist von begrenztem Wert. Gleiches gilt für Selbsteinschätzungen der Kinder.

Schritt 3: Globaleinschätzungen in den ersten Schulwochen

Die kindgemäße Gestaltung des Anfangsunterrichts trägt dazu bei, dass Kinder den Übergang zwischen Elementar- und Primarbereich nicht als Stress erleben. Deshalb sollten in dieser Phase keine Test- und Beobachtungssequenzen eingeplant werden, die einzelne Kinder in Prüfungssituationen versetzen.
Den ersten Monat, den die Kinder in der Schule verbringen, kann man aber für so genannte *Globaleinschätzungen* nutzen. Solche Einschätzungen dienen zur ersten Orientierung im Hinblick auf geeignete Förderangebote. Geleistet werden kann daher nur eine vorläufige, sehr grobe Zuordnung zu einem der auf S. 12 f. beschriebenen Spracherwerbsstadien.

Es geht in dieser Phase *nicht* darum, sprachliche Probleme des Kindes zu erkennen. Wichtig ist vielmehr die Konzentration auf die sprachlichen Möglichkeiten der Kinder. Unsere Leitfrage für diese Phase ist daher: *Was kann das Kind bereits?*

Globaleinschätzungen zum jeweils erreichten Spracherwerbsstadium werden in Karteien oder Beobachtertagebüchern festgehalten. Wichtig ist in diesem Zusammenhang, sich Szenen und sprachliche Äußerungen zu notieren, die als Begründung für die Zuordnung zu einem bestimmten Spracherwerbsstadium herangezogen werden können.
In dieser Phase ist es ausreichend, sich im Anschluss an einen Morgenkreis, eine Unterrichtssequenz oder eine Freiarbeitsphase Notizen zu machen. Systematische Aufzeichnungen zu bestimmten Sprachstandsindikatoren sind auf diese Weise jedoch nicht möglich. Dafür wären genaue Beobachtungen sowie Analysen von Tonband- oder Videoaufnahmen erforderlich.

Schritt 4: Systematische Sprachbeobachtungen in informellen Situationen

Mit systematischen Sprachstandsbeobachtungen sollte erst begonnen werden, wenn die Kinder sich an ihr neues schulisches Umfeld gewöhnt haben, also nicht vor der 5. Schulwoche. Erste gezielte Beobachtungen lassen sich unauffällig in informellen Situationen (z.B. beim Gespräch im Morgenkreis, beim Handpuppenspiel, beim Betrachten von Bilderbüchern in der Kleingruppe) durchführen. In solche Interaktionen können genau umrissene sprachliche Aufgaben integriert werden. Dazu einige Beispiele:

Überprüfung der Aussprache:
- Nachsprechen von Reimen, Sätzen oder Liedstrophen,
- Nachsprechen und freies Sprechen von kleinen Rollen in Spielsituationen (z.B. Begrüßungen/Verabschiedungen),
- „Lesen“ von Wort-Bild-Karten,
- bei älteren Kindern, die in den Schuleingangsbereich zurückgestuft wurden, auch: Vorlesen von Textabschnitten oder Texten.

Beherrschung bestimmter sprachlicher Phänomene (Verneinung, Fragewörter, Präpositionen, Adjektive etc.):
- Gespräche mit Handpuppen, Marionetten, Plüschtieren,
- Versteckspiele/Suchspiele *(Wo ist ...?/Es ist auf, unter, über ...)*,
- Kauf-/Verkaufsspiele *(Verkauf mir etwas Süßes, Saures ..., den roten, grünen, gelben, den langen/kurzen Stift, eine Dose, ein Glas, eine Schachtel ...)*,
- kleine Rollenspiele mit situativen Rollenvorgaben *(Hast du ... in deiner Tasche? Nein! Oder: Ich habe kein ... in meiner Tasche.)*.

Wichtig für die systematische Erfassung von Sprachdaten ist ein möglichst genaues Protokoll oder Transkript der sprachlichen Produktion (ggf. auch des Kommunikationsverhaltens) eines Kindes. Die Erstellung genauer Sprachprotokolle wird erleichtert, wenn ein zweiter Erwachsener (z.B. eine Praktikantin, eine Mutter, eine Kollegin) oder ein älteres Kind (ab dem 4. Schuljahr) die Spiel- und Gesprächsaktivitäten der Lerngruppe anregt und begleitet. In solchen Situationen kann die Lehrerin sich gezielt und ohne Störungen und Ablenkungen die Äußerungen einzelner Kinder notieren. Sprachdaten können aber auch von Besuchern (z.B. von Studierenden, Kolleginnen etc.) protokolliert werden, die mit Sprachstandserhebungen vertraut sind.
Transkripte auf der Basis von Tonband- oder Videoaufnahmen liefern präzisere Sprachdaten, weil solche Aufnahmen mehrfach abgehört werden können. Solche Mitschnitte sind allerdings für die Kinder gewöhnungsbedürftig. Deshalb sollten sie erst eingeführt werden, wenn die Kinder bereits mit dem Tonstudio vertraut sind (s. S. 75).
Sprachstandsindikatoren lassen sich im Bereich der Wortformen und des Wortgebrauchs bestimmen (s. dazu die Indikatorenliste S.14 ff.). Wichtig ist, dass Sprachdaten zu einzelnen Indikatoren keine umfassenden Einschätzungen und Bewertungen des jeweils erreichten Spracherwerbsstadiums erlauben.

Die Frage, welche Entwicklungsstufe ein Kind in seiner Zweitsprache erreicht hat, lässt sich auf der Grundlage selektiver Beobachtungen und ausgewählter Interpretationsergebnisse nicht beantworten. Sie ist nur als Ergebnis umfassender, ganzheitlicher Einschätzungen möglich. Sprachstandsdiagnosen sollten daher als Langzeitbeobachtung angelegt werden. Punktuelle Einzelbeobachtungen können nur erste Hinweise liefern, die überprüft und präzisiert werden müssen.

Schritt 5: Systematische Beobachtungen in diagnostischen Spielsituationen

Wenn Anna und Hassan noch in Ein-Wort-Sätzen antworten, Hülya und Fedoua aber bereits anspruchsvolle Satzkonstruktionen (z.B. Relativsätze) benutzen, haben sie unterschiedliche Spracherwerbsstadien erreicht und benötigen auch unterschiedliche Lernanregungen für ihre weitere Sprachentwicklung. Diese Förderung in Einzelarbeit zu organisieren ist bei größeren Klassen sehr aufwändig.

Sollen für die Sprachförderung im Rahmen binnendifferenzierender Maßnahmen Gruppen gebildet werden, die gezielt die jeweiligen Spracherwerbsstadien berücksichtigen, ist es allerdings wichtig, die Lernausgangslagen aller Kinder einer Klasse mindestens einmal im Schuljahr (möglichst im ersten Drittel) systematisch zu vergleichen. Ein zweiter Vergleich am Ende des Schuljahres erleichtert die eigene Arbeit bei der Einschätzung sprachlicher Leistungen und bei der Erstellung von Berichtszeugnissen.
Ein systematischer Vergleich der Sprachdaten aller Kinder einer Klasse wäre nur in experimentellen oder quasi-experimentellen Erhebungssituationen möglich. Alle anderen Beurteilungen sind zufällig und erlauben daher keine vergleichenden Aussagen und Bewertungen zu spezifischen Indikatoren oder Indikatorenbündeln. Auch für die Gestaltung quasi-experimenteller Situationen gilt, dass sie Kinder nicht in Prüfungs- und Stresssituationen versetzen dürfen, weil dies ihre Kommunikationsfähigkeit einschränken würde.
Für die Arbeit im Schuleingangsbereich wurden deshalb *diagnostische Spielsituationen* entwickelt und erprobt, die außerhalb der Unterrichtszeit im Klassenraum oder in besonders präparierten Räumen der Schule eingesetzt werden können. Den möglichen Ablauf einer solchen diagnostischen Spielsituation wollen wir im Folgenden vorstellen: Eine Besonderheit der quasi-experimentellen Situation, die wir mehrfach erprobt haben, ist, dass die geschulten Spielpartner (unsere „diagnostischen Assistenten") nur wenig älter sind als die Kinder, deren Sprachstand erfasst werden soll. Das hat folgenden Grund: Spiele, die von älteren Kindern für jüngere Kinder initiiert oder vorbereitet werden, stellen für diese keine Prüfungs- oder Testsituation dar. Kinder, die Vergnügen an Bilderbüchern, Spielen und Gesprächen haben, entspannen sich in quasi-experimentellen Situationen mit Kindern meist schneller und reagieren auf Gleichaltrige oder etwas ältere Schüler oft auch spontaner als auf Erwachsene.

Ablauf- und Trainingsplan für die Gestaltung einer diagnostischen Spielsequenz

1. Zwei Kinder werden in eine Raumecke mit Teppichfußboden oder einen gemütlichen Nebenraum gebracht, wo sie eine Interviewerin (I) empfängt. Sie sagt ihnen, dass sie mit ihnen spielen möchte. Jedes Kind darf sich aus einer Reihe von Handpuppen je eine auswählen. Dann eröffnet (I) die Interaktion, indem sie die Kinder mit einer Handpuppe *begrüßt* und nach ihren Namen fragt. Anschließend *erzählt* sie ein wenig von der Handpuppe, ihren Freunden und Freundinnen und was die Puppe gerne tut. Dann fragt sie die Kinder nach den Freundinnen und Freunden ihrer Puppen (bzw. nach ihren eigenen Freundinnen und Freunden) und danach, was sie gerne tun.

2. (I) schlägt ein *Ratespiel* vor: „Ich zeig euch was und ihr sagt mir, wie das heißt." (Sie zeigt Körperteile.)

3. *Rollentausch:* (I) schlägt vor, dass nun eines der Kinder (Körperteile) zeigen soll und dass sie gemeinsam mit dem anderen Kind um die Wette raten wird. (I) hält sich beim Raten aber zurück.

4. (I) fragt die Kinder, ob sie schon *zählen* können. Sie lässt sie zählen und zeigt ihnen anschließend – je nach Vertrautheit der Kinder mit Zahlen – im Bildwörterbuch von SCARRY die Zahlenseite (S. 34/35).

5. *Bausteine tauschen:* Jedes Kind bekommt eine Reihe von langen und kurzen farbigen Bausteinen oder Legosteinen. (I) initiiert ein Tauschspiel: „Kannst du mir einen roten/blauen/langen/kurzen Baustein geben? Welchen möchtest du von mir?"

6. *Geräuscheraten:* In Reichweite ist ein kleines Tonbandgerät aufgebaut. Auf einer Kassette wurden verschiedene Geräusche (Fahrradklingel, Martinshorn, Wecker, Gähnen, Gewitter, Hundebellen etc.) aufgenommen. Die Kinder raten um die Wette.

7. *Tätigkeiten benennen:* (I) schlägt SCARRYS Bildwörterbuch auf Seite 54/55 auf (Was wir alles tun). Sie deckt die Bilder zeilenweise auf und fragt, was die machen. Die Kinder antworten eines nach dem anderen oder (z.B. beim zweiten Durchgang) wie im Fernsehen – wer's zuerst weiß.

8. *Bildkartenziehen:* (I)legt Bildkarten auf den Boden (z.B. Ravensburger Bilder-Abc) und initiiert Bildkartenziehen und -raten. Wer richtig geraten hat, darf die Karte behalten. Sonst muss er sie wieder in die Mitte legen.

9. *Bildkarten legen und eine Geschichte dazu erfinden:* (I) legt zum Abschluss Karten einer einfachen Bildergeschichte (z.B. eine Vater-&-Sohn-Geschichte von PLAUEN) in falscher Reihenfolge, schüttelt den Kopf, legt sie erneut, schüttelt wieder den Kopf und fragt, ob ihr eines der Kinder helfen könne. Wenn ein Kind sich für eine Bildfolge entschieden hat, fragt (I), ob das Kind ihr die Geschichte erzählen kann. Falls nötig, wird sie selbst mit der Geschichte beginnen und die Kinder mit Erzählpausen zum Mitmachen motivieren. Beide Kinder sollten Gelegenheit haben, sich an der Erzählung zu beteiligen. Durch das Wegnehmen oder Vertauschen von Karten lassen sich bei Bedarf für das zweite Kind neue Erzählmotive schaffen.

10. *Eigene Interessen sprachlich vertreten:* Du willst die Sesamstraße sehen, dein Bruder die Sendung mit der Maus. Was sagst du zu ihm?

11. *Auf Übergriffe sprachlich reagieren:* Heinz ärgert gerne andere Kinder. Peter malt. Heinz malt auch etwas auf das Blatt von Peter. Du bist Peter, ich bin Heinz. Was sagst du zu mir?

Erfolgreich geschult werden können für die Anleitung solcher Spielsituationen nach unseren Erfahrungen bereits Kinder der 4. Jahrgangsstufe (Zehn- oder Elfjährige), die selbst bilingual sind und deshalb mit den jüngeren Kindern in ihre Familiensprache wechseln können, wenn diese Begriffe oder Wendungen im Deutschen noch nicht beherrschen. Wo Kinder mit verschiedenen Familiensprachen in einer Klasse zusammengefasst wurden, sollten daher auch mehrere Kinder für diagnostische Spielsituationen trainiert werden. Bilinguale Mädchen und Jungen, die Erfahrungen mit der Betreuung jüngerer Geschwister haben, sind für solche Vorhaben in der Regel besonders gut geeignet und haben meist auch viel Spaß an dem gelenkten Spiel mit den jüngeren Kindern. Da sie gemeinsam mit einer Lehrerin oder einem Lehrer eine verantwortungsvolle Aufgabe übernehmen, wird zudem ihr besonderer Status als Bilinguale gewürdigt.

Diagnostische Spielsituationen können unbemerkt mit Videokameras (auf Stativ) oder auf Tonband aufgezeichnet werden, sofern die Eltern der Kinder mit diesem Verfahren einverstanden sind. Die Lehrerin/Beobachterin kann sie aber auch protokollieren, indem sie sich unauffällig (offiziell mit einer anderen Schreibarbeit beschäftigt) in der Nähe des Experiments niederlässt.

Schritt 6: Auswertung und Vergleich systematischer Beobachtungen

Die Auswertung von systematischen Beobachtungen ist aufwändig. Der Aufwand lohnt sich jedoch, weil Befunde aus unsystematischen Erhebungen in der Regel von selektiven Wahrnehmungen und Interaktionspräferenzen (bestimmten Lehrerfragen oder Gesprächsimpulsen) überlagert werden. Vorbereitete Beobachtungsbögen, wie wir sie in Auszügen hier vorstellen (s. S. 50), erleichtern nicht nur das Protokollieren in diagnostischen Spielsituationen. Sie vereinfachen auch die spätere Auswertung.
Im nächsten Abschnitt stellen wir die Auswertung einer Spielsequenz vor und geben Hinweise zu deren Interpretation (s. unten). Das Mädchen Hava und der Junge Hassan sind beide Schulanfänger. Hassan ist jedoch ein Jahr älter als Hava. Die beiden unterscheiden sich also nicht nur im Hinblick auf ihre individuellen Spracherwerbsstadien. Sie befinden sich auch körperlich und sozial auf unterschiedlichen Entwicklungsstufen, die wiederum Einfluss auf ihre Sprachentwicklung und ihr Kommunikationsverhalten in schulischen Situationen haben.

Protokollauszüge und Interpretationen zur Beobachtung von Hava (7) und Hassan (8)

Bemerkungen zur Spielsituation: Hassan gibt der Spielleiterin zur Begrüßung die Hand, Hava guckt nur. Beide befolgen ihre Anweisungen und gehen auf ihre Spielvorschläge ein. Das Hörverstehen beider Kinder scheint ausreichend entwickelt (Stadium 3), während ihre Ausdrucksfähigkeit sich noch im Bereich von Stadium 2 bewegen dürfte.

Im Bereich der Körperteile (Nomina) weist ihr Wortschatz in ihrer Zweitsprache Lücken auf:
- Hava weiß von 14 Nomen 6 auf Deutsch und zwei weitere auf Türkisch. Drei Bezeichnungen kennt sie weder im Deutschen noch im Türkischen. Ihr fehlen im Deutschen die Bezeichnungen *Haare, Backe/Wange, Zahn/Zähne, Lippen, Finger, Schulter* und *Stirn*. Hava benutzt in ihrer Familiensprache Türkisch die Bezeichnungen für *Zunge, Zahn/Zähne* und *Finger.*
- Hassan kennt von 14 Nomen 5 im Deutschen und 4 im Türkischen, in zwei Fällen kennt er die Bezeichnungen weder im Deutschen noch im Türkischen, in drei weiteren Fällen wurde er nicht gefragt. Ihm fehlen im Deutschen die Bezeichnungen für *Backe/Wange, Lippen, Finger, Schulter* und *Stirn.* In seiner Familiensprache Türkisch kennt er die Wörter für *Zunge, Lippen, Finger, Schulter.*
- Beiden Kindern fehlen in der Familiensprache die Bezeichnungen für *Backe/Wange* und *Stirn.*
- Nach der türkischen Bezeichnung für Haare wurde nicht gefragt. Hassan wurde zudem nicht nach den Bezeichnungen für *Augen, Ohren, Haare* gefragt.
  Bei der Beschreibung der Tätigkeiten gibt es ein Verb *(blasen)*, das beide Kinder weder in der Zweit- noch in der Familiensprache kennen.
- Hava verwendet 8 Umschreibungen (*bumm machen, so machen, schnell gehen* für *laufen, Halt machen* für *stehen, macht yaze* für *schreiben*) und Substitutionen (*spielen* für *schieben* und *rennen* für *durchkriechen*). Sie scheint insgesamt weniger Wörter zu kennen als der ältere Hassan, der sich genauer auszudrücken vermag: für *drüberspringen* gebraucht er *springt* und für *(hinauf)steigen* den Ausdruck *geht in die Treppe hoch.*
- An einer Stelle nutzt Hassen bereits eine Kollokation (*essen Brot*).
- In zwei Fällen ersetzt er Verben durch passende Nomen (*Stuhl* an Stelle von *sitzen* und *Faden* an Stelle von *ziehen*).

(Fortsetzung S. 51)

Sprachstandsbeobachtungsbogen (Auszug: Körperteile raten)

Datum	Hava (7 J.)			Hassan (8 J.)	
2. Körperteile raten	dt.	tü.		dt.	tü.
Auge	+			o	
Ohren	+			o	
Mund	+			o	
Nase	+			+	
Haare	-	o		o	o
Backe/Wange	-	-		-	-
Zunge	o	+		+	+
Zahn/Zähne	-	+		+	
Lippen	-	o		-	+
Kopf	+			+	
Hand	+			+	
Finger	-	+		-	+
Schulter	-	o		-	+
Stirn	-	-		-	-

+ Bezeichnung ist bekannt.
- Bezeichnung ist nicht bekannt.
b Bezeichnung ist beiden bekannt.
o Bezeichnung wurde nicht abgefragt.

Zusammenfassung: Hassan scheint im Bereich der Nomina sowohl in der Zweitsprache als auch in der Erstsprache über mehr Ausdrücke zu verfügen, was altersbedingt sein könnte. In der Familiensprache können beide Kinder Wortschatzlücken in der Zweitsprache Deutsch (bis auf *Backe/Wange* und *Schulter* [nur Hava] und Stirn beide) schließen. Nach diesem ersten Eindruck könnte für beide die Familiensprache die dominante Sprache sein.
Auch im Bereich der Verben scheint der Wortschatz von Hassan größer zu sein als der von Hava. Nach diesem zweiten Eindruck könnte man Hassans mündliche Fertigkeiten schon in Stufe 2 einordnen, während Hava noch eher der Stufe 1 anzugehören scheint.

Schritt 7: Selbsteinschätzungen und Selbstauskünfte von Kindern

Kinder können das von ihnen erreichte Spracherwerbsstadium selbst meist nicht angemessen einschätzen. Manche neigen dazu, ihre sprachlichen Fähigkeiten zu überschätzen, andere unterschätzen, was sie bereits beherrschen, oder stellen die eigenen Kompetenzen bescheidener dar. Deshalb sollten auch ältere Kinder nicht danach befragt werden, wie gut sie ihrer Meinung nach Deutsch (oder Arabisch etc.) sprechen. Durch mündliche oder schriftliche Befragungen lassen sich jedoch die Sprachpräferenzen von Kindern in bestimmten sozialen Situationen bestimmen.

Fragebogen I: Sprachkontakte
In welcher Sprache sprichst du mit …

	immer ES	meist ES	meist ZS/DS	immer ZS/DS
Vater				
Mutter				
Bruder/Brüdern				
Schwester/n				
Freunden in der Schule				
Freunden außerhalb der Schule				
Kindern auf dem Spielplatz				
Leuten in der Nachbarschaft				

[ES – Erstsprache, ZS – Zweitspr., DS – Drittspr.]

Die Fragebogen I und II sollten bei älteren Kindern (ab dem 3. Schuljahr) mit dem wahrheitsgemäßen Hinweis eingeführt werden, dass die Lehrerin gerne mehr über die Sprachgewohnheiten der bilingualen Kinder ihrer Klasse erfahren möchte. Ältere Kinder könnten auch selbst vergleichbare Erhebungen bei ihren Eltern und Geschwistern, bei den Familien ihrer in Deutschland lebenden Verwandten oder in ihren Vereinen durchführen. Sie sammeln so Informationen über die Sprachgewohnheiten ihres Umfeldes, die ihnen helfen sich über Situationen und Kontexte bewusst zu werden, in denen für sie ihre erste oder zweite Sprache wichtig ist. Damit können sie auch selbst Erklärungen dafür finden, dass sie in bestimmten Sprachdomänen nur in der einen oder in der anderen Sprache über einen ausreichenden Wortschatz verfügen.
Monolinguale deutsche Kinder in deutschen Regelklassen können parallel zu solchen Interviews der bilingualen Kinder eigene Befragungen durchführen und Informationen über die Vielfalt der sprachlichen Varietäten zusammenstellen, die von den bilingualen Kindern, Jugendlichen und Erwachsenen in der eigenen Grundschule, den benachbarten weiterführenden Schulen, den Läden und Restaurants des Stadtviertels oder in ihrer unmittelbaren Nachbarschaft gesprochen werden:

Was sagt Oma (meine Tante, meine Schwester, Frau Meier am Kiosk ...), wenn sie mich begrüßt?
Was sagt Mama, wenn sie nach Hause kommt?
Was sagt Papa (Opa, Onkel Theo, mein bester Freund), wenn er sich ärgert?

Ab dem Ende der 3. Jahrgangsstufe sind deutsche und ausländische Kinder bereits in der Lage, für solche Befragungen eigene Fragebögen zu entwickeln (s. S.88).

Fragebogen II: Mediengebrauch
Welche Sprache hörst du/sprichst du am liebsten ...

	immer ES	meist ES	meist ZS/DS	immer ZS/DS
im Fernsehen				
im Radio				
auf Kassetten				
auf Video				
am Telefon				

[ES – Erstsprache, ZS – Zweitspr., DS – Drittspr.]

3. Didaktische und methodische Konsequenzen

Zu wissen, wann und auf welchem Niveau ein Kind in welcher Sprache kommuniziert und mit welcher Sprachlernmotivation es in die Grundschule kommt, ist für die pädagogische und didaktische Arbeit von Lehrerinnen und Lehrern aus verschiedenen Gründen von Bedeutung. Sprachlernmaterialien, mit deren Hilfe Kinder selbstständig die deutsche Schriftsprache gebrauchen und üben, können gezielter entwickelt und eingesetzt werden, wenn deutlich geworden ist, dass das Kind in ganz bestimmten Bereichen Hilfen benötigt. Solche Bereiche können sein:

- die Ergänzung seines Wortschatzes in bestimmten Sprachdomänen,
  die Verbindung von bestimmtem/unbestimmtem Artikel und ausgewählten Nomen,
- die Verbindung von Präposition und Kasus,
- die Wortstellung bei Satzklammern,
- die Stellung von Grund- und Bestimmungswort bei zusammengesetzten Nomen u.v.m.

Die diagnostische Annäherung an Phänomene, die entwickelt, gestützt und geübt werden müssen, ist die klassische Funktion systematischer Sprachstandsanalyse. Sie hat darüber hinaus aber weitere Funktionen.
Wenn Lehrerinnen erkennen, dass Kinder sich auf Gesprächs- und Lektüreanregungen in ihrer starken ersten Sprache rascher und intensiver einlassen als im Deutschen, können sie zweisprachige Märchen- und Geschichtenbücher bzw. Kassetten, die für viele Sprachen auf dem Lehrmittelmarkt erhältlich sind, gezielt im Leseunterricht einsetzen. Nicht nur Märchen wie Dornröschen oder Schneewittchen sind als Bilder- und Kinderbücher in vielen Sprachen erschienen, auch die Geschichten von Nasreddin Hodscha oder Pinocchio, sodass man mit der Zweisprachigkeit der Klasse auch spielen und damit Rollenwechsel initiieren kann.

> **Dazu ein Beispiel:** Eine unserer Studentinnen ist das Kind von Arbeitsmigranten aus dem heutigen Kroatien. Sie ist bilingual. Mit ihrer Hilfe konnten wir in einer Praktikumsklasse mit kroatischen Kindern spontan das Märchen Rotkäppchen als bilinguales Rollenspiel inszenieren. Die Rolle des Wolfes sprach eine deutsche Studentin und später auch deutsche Kinder. Die Rolle des Rotkäppchens übernahm zunächst die kroatische Studentin und später kroatische Schülerinnen. Die Rollensequenzen waren, das hatten wir zuvor festgestellt, in beiden Sprachen identisch:
> *Großmutter, warum hast du so große Augen/Ohren ...?*
> *Damit ich dich besser sehen/hören ... kann!*

Wenn Kinder erkennen, dass im Unterricht verschiedene Sprachen von Bedeutung sind, wird Mehrsprachigkeit zum Wert. Die sprachliche Überlegenheit des monolingualen deutschen Kindes relativiert sich, wo im Klassenzimmer in bestimmten Situationen auch andere Sprachen zugelassen werden und dauerhaft repräsentiert sind (z.B. in der Klassenbibliothek).

Sobald ausländische Eltern feststellen, dass sich Lehrerinnen und Lehrer für die Herkunftssprachen und -kulturen ihrer Kinder interessieren, begünstigt dies nach unseren Erfahrungen die Kooperation zwischen Schule und Elternhaus. Dadurch verringert sich für die Kinder häufig auch die Distanz zwischen den Sprachdomänen Familie und Schule. Es wird möglich, bilinguale Erwachsene in Unterricht und Schulleben einzubeziehen und die Verknüpfung von Spracherwerbsprozessen in der Familien- und in der Schulsprache des bilingualen Kindes auch dann zu unterstützen, wenn eine Schule in diesem Feld nicht auf die Hilfe ausländischer Lehrerinnen und Lehrer zurückgreifen kann.
Lern- und Sprachstandsbeobachtungen sind daher nicht nur eine wichtige Grundlage kindgemäßer zweitsprachdidaktischer Förderung. Sie bereiten gleichzeitig den Weg für eine ganzheitliche Auseinandersetzung mit der individuellen Lebens- und Lernsituation jedes einzelnen Kindes der Klasse, unabhängig davon, ob es sich um ein deutsches oder ausländisches Kind handelt.

Didaktische und methodische Entscheidungen treffen

Die Lernvoraussetzungen der Kinder meiner Klasse sind so unterschiedlich. Wie soll ich unter diesen Umständen den Unterricht planen?

Die Erkenntnis, dass Konzepte frontalen lernzielzentrierten Klassenunterrichts wegen ihres gleichschrittigen Vorgehens und ihrer geringen Individualisierungsmöglichkeiten für mehrsprachige Klassen ungeeignet sind, prägte bereits in den 70er Jahren die schulpraktischen Erfahrungen bei der Erprobung von Unterrichtsmodellen für ausländische Kinder. In den 80er Jahren erschienen dann die ersten pädagogischen Tagebücher von Lehrerinnen und Lehrern, die mit zweisprachigen oder internationalen Klassen in der Grundschule arbeiten:

Edgar Bohn: Wir sind auf dem Weg. Ein Schuljahr mit ausländischen Grundschulkindern. München (Oldenbourg) 1982.
Anke Fedrowitz: Deine Türken werden ganz schön frech. Tagebuchaufzeichnungen einer Lehrerin. Düsseldorf (Schwann) 1985.
Astrid Kaiser: aussiedeln, umsiedeln, ansiedeln, einsiedeln – Pädagogisches Tagebuch über eine Anfangsklasse mit Kindern aus Osteuropa, Kirgisien und Kasachstan. Heinsberg (Agentur Dieck) 1989.

Diese Tagebücher vermitteln Anregungen und Arbeitstechniken aus der Praxis für die Praxis der speziell für ausländische und ausgesiedelte Kinder eingerichteten Vorbereitungs- und Übergangsklassen und nehmen Argumente der späteren Debatten um die Öffnung von Grundschulunterricht zum Teil vorweg. Praktische Hinweise für die Planung und Gestaltung offener Zweitsprach-Lernsituationen wurden auch in den Publikationen des Berliner Modellversuchs „Interkulturelle Erziehung in der Grundschule“ zusammengefasst:

Barbara Puhan-Schulz: Wenn ich einsam bin, fühle ich mich wie acht Grad minus Kreative Sprachförderung für deutsche und ausländische Kinder. Weinheim und Basel (Beltz praxis) 1989.
Dagmar Köppen: 70 Zwiebeln sind ein Beet. Mathematikmaterialien im offenen Anfangsunterricht. Weinheim und Basel (Beltz praxis) 1989.

Berichte und Tagebücher aus der Praxis für die Praxis argumentieren kasuistisch. Sie vermitteln exemplarische Erfahrungen und kreative Anregungen aus der Alltagsarbeit an multikulturellen und mehrsprachigen Schulen, stellen jedoch keinen systematischen Bezug zu zweitsprachdidaktischen Konzepten und zu Ergebnissen der Zweitspracherwerbsforschung her. Auch der Transfer vom Besonderen zum Allgemeinen – von der Unterrichtsplanung für ihre eigene Ausländer- oder Aussiedlerklasse zur Gestaltung der Arbeit mit deutschen Regelklassen, in denen ausländische und Aussiedlerkinder gemeinsam mit deutschen Kindern lernen – wird selten angestrebt.

Einen solchen Transfer wollen wir in den nächsten Abschnitten versuchen, indem wir auf die aus unserer Sicht wichtigsten didaktischen und methodischen Entscheidungen eingehen, die Lehrerinnen und Lehrer treffen müssen, wenn sie sich auf die Arbeit mit einer mehrsprachigen Grundschulklasse vorbereiten. Sechs Aspekte sind uns in diesem Zusammenhang wichtig:

1. die Differenzierung sprachlicher Lernziele unter Berücksichtigung der Lernausgangslage der eigenen Klasse,
2. die Abstimmung von Lehrgangsentscheidungen auf die Heterogenität der sprachlichen Entwicklung der Kinder in der Klasse,
3. die Begleitung und Beurteilung individueller Sprachentwicklung,
4. die Integration gesteuerten und ungesteuerten Spracherwerbs durch Tagesplan- und Projektarbeit,
5. die Gestaltung des Klassenzimmers als anregende Sprachlernumgebung,
6. die Auswahl und Produktion von geeigneten Sprachlernmedien.

1. Differenzierung sprachlicher Lernziele

Sprachliche Lernziele werden in den Grundschullehrplänen der einzelnen Bundesländer als Lernziele des *Deutschunterrichts* oder als Ziele des Grundschulunterrichts im Fach *Sprache* zusammengefasst und – nach Jahrgangsstufen geordnet – in Tabellen und Übersichten aufgelistet, in der Regel getrennt nach mündlichem und schriftlichem, rezeptivem und produktivem Sprachgebrauch.

In neueren Lehrplänen, die Argumente des Spracherfahrungsansatzes aufnehmen, wird ausdrücklich auf die notwendige Differenzierung der für eine Jahrgangsstufe gesteckten Ziele hingewiesen. Die entsprechende Passage im NRW-Lehrplan *Sprache* lautet: „Die verbindlichen Ziele können auf unterschiedlichem Niveau erreicht werden, sodass jedes Kind mit seinen Möglichkeiten erfolgreich lernen kann."

Unterscheidungen zwischen dem Erwerb des Deutschen als Erstsprache und als Zweitsprache/Fremdsprache und entsprechende didaktische und methodische Hinweise für den sprachlichen Anfangsunterricht fehlen in den meisten Grundschullehrplänen. Ihre Lernziele und Lehraufgaben orientieren sich in ihren Bezugsnormen am Kind mit deutscher Erstsprache und altersgemäß entwickeltem Wortschatz. In den Bundesländern, in denen spezielle Lehrpläne für Deutsch als Fremd- oder Zweitsprache erarbeitet wurden (wie Bayern, Hamburg, Thüringen und in Kürze Sachsen), ist die Zielgruppe dieser DaF-/DaZ-Pläne die spezielle Ausländer- oder Aussiedlerklasse. Hier fehlt wiederum die Rückbindung von Lehrzielen und Kurskonzepten an die Grundschullehrpläne der deutschen Regelklasse (s. S. 20 ff.).

Solange diese Defizite nicht durch Lehrplanrevisionen ausgeglichen worden sind, liegt die Entscheidung über die Anpassung von Lernzielen an die Lernausgangslage der eigenen Klasse in der Verantwortung der Lehrerinnen und Lehrer. Sie wird damit auch abhängig von ihrem Professionswissen über Erst- und Zweitsprachentwicklung und von ihrer Sensibilität für angemessene didaktische Entscheidungen.

In diesem Zusammenhang sind drei Aspekte von besonderer Bedeutung:
a) die Feststellung der in der Klasse repräsentierten *Spracherwerbstypen*,
b) die Bestimmung der von den einzelnen Kindern erreichten *Spracherwerbsstadien*,
c) die regelmäßige Diagnose der individuellen *Sprachentwicklungsprozesse*.

Die Notwendigkeit der Differenzierung von sprachlichen Lernzielen lässt sich in allen Jahrgangsstufen begründen. Wir beziehen uns hier auf Beispiele aus dem Anfangsunterricht (Erstlesen/Erstschreiben), weil in diesem Bereich die Grundlagen für weiterführendes sprachliches und fachliches Lernen geschaffen werden.

Differenzierung nach Spracherwerbstypen und Spracherwerbsstadien im Anfangsunterricht Erstlesen/Erstschreiben:
Wenn gilt, dass Kinder beim Lesen- und Schreibenlernen Einsichten in Funktion und Aufbau unserer Schrift erlangen sollen, müssen sie mündlich über die Sprache verfügen können,
- deren Buchstaben sie erlernen sollen,
- deren Laute sie bei Phonemanalysen diskriminieren sollen,
- deren Wörter sie in ihrem ersten Grundwortschatz orthografisch sichern sollen.

Wenn eine Lehrkraft feststellt, dass in ihrer 1. Jahrgangsstufe Kinder dem Spracherwerbstyp *Bilinguale mit dominanter Familiensprache angehören*, werden sich ihre Lernziele im Anfangsunterricht nicht am Sprachinventar und an der Progression einer Fibel für monolinguale deutsche Kinder orientieren können. Dies gilt umso mehr, wenn sie es mit *Monolingualen* zu tun hat, die in ihrer Zweitsprache Deutsch erst vor kurzem das Erwerbsstadium 2 erreicht haben. Übergeht sie diese Differenzierung nach Spracherwerbstypen und Spracherwerbsstadien, werden die bilingualen bzw. die ausländischen Kinder ihrer Klasse Schwierigkeiten haben in ihrem Unterricht zielerreichend zu lernen. Schulversagen im Anfangsunterricht kann die Folge sein.

Das Erlernen eines Buchstabens und die Einsicht in seine Funktion als Symbol für einen Laut kann erst zum Lernziel werden, wenn ein Kind die Lexeme kennt und versteht, über die der jeweilige Laut oder Buchstabe eingeführt werden soll.
Lernziele des Erstlese- und -schreibunterrichts müssen daher prinzipiell differenzieren zwischen
a) dem *Erwerb* und der *Sicherung eines Lexems*,
b) der *Nutzung dieses Lexems* für die *Analyse* und den *Aufbau der Buchstabenschrift*.

2. Abstimmung von Lehrgangsentscheidungen

Nur wenige fibelgestützte Lehrgänge für deutsche Regelklassen berücksichtigen die sprachliche Ausgangssituation von Schulanfängern mit geringen deutschen Sprachkenntnissen. Gleiches gilt für die Sprach- und Lesebücher, die der Lehrmittelmarkt für die weiterführende Spracharbeit anbietet. Die enge Orientierung an Fibeln und Schulbüchern, die am Wortschatz einheimischer deutscher Kinder ansetzen, kann jedoch bei ausländischen Kindern Verzögerungen und Störungen des Schriftspracherwerbsprozesses zur Folge haben.

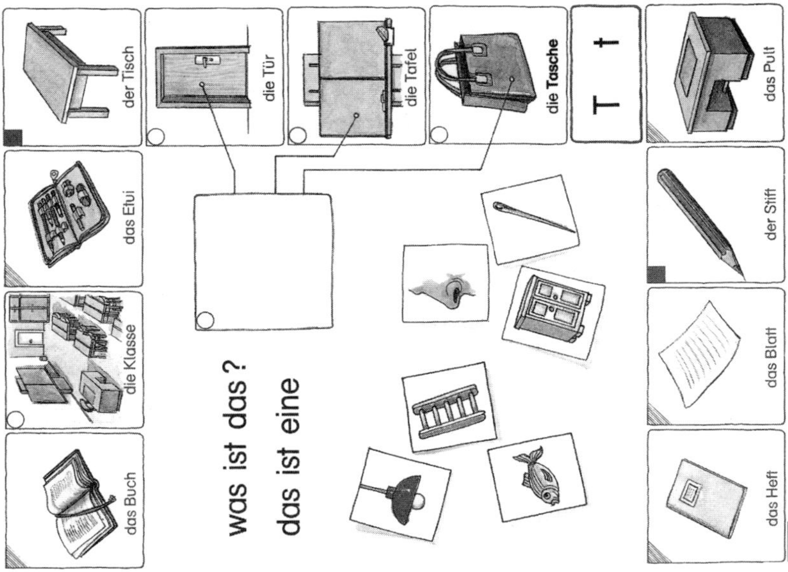

Abb.6 und 7: Urbanek/Goll, Alle lernen lesen (Ausschnitt)

Lehrerinnen und Lehrer, die – aus welchen Gründen auch immer – nicht auf die Lehrgangssystematik einer Fibel verzichten wollen, sollten daher bei der Wahl ihres Lehrwerks darauf achten, dass der Fibelwortschatz auch als Grundwortschatz für ausländische Kinder eingeführt und gesichert wird und dass die syntaktischen Anforderungen der präsentierten Texte nicht zu komplex sind. Nur dann werden auch Zweitsprachlerner in der Lage sein vergleichbare Techniken des Gebrauchs von Schriftsprache zu erwerben wie einheimische deutsche Kinder. Beim Leselernprozess sind dies z. B.

a) auf *semantischer Ebene* das Nutzen von Sinnstützen im Text,
b) auf *syntaktischer Ebene* das Nutzen von Regeln des Satzbaus,
c) auf *Morphem-Ebene* der Zugriff auf vertraute Muster im Bereich von Wortbildung und Flexion,
d) auf *Graphem-Phonem-Ebene* die Übersetzung von Schriftzeichen in Lautgestalten.

Drei der vier Lehrgangskonzepte für den sprachlichen Anfangsunterricht, die wir nachfolgend vorstellen, wurden mit mehrsprachigen Klassen erprobt oder sogar speziell für diese Zielgruppe entworfen. Der vierte *(Lesen durch Schreiben)* ignoriert das Phänomen „Mehrsprachigkeit". Wir beziehen ihn ein, weil er als Lehrgang für den offenen Unterricht zunehmend an Popularität gewinnt, ohne dass die Konsequenzen des Ansatzes für die Arbeit mit Zweitsprachlernern bislang angemessen reflektiert werden.
Der erste Leselehrgang, der systematische Hilfen zur Förderung ausländischer und lernschwächerer deutscher Schüler in der deutschen Regelklasse anbietet, wurde von URBANEK und GOLL entwickelt. Ihre Fibel kombiniert jeweils zwei aufeinander bezogene Seiten: Auf der linken Seite finden die Kinder ganzseitige Bilder oder Bildfolgen, in denen Szenen realitätsnah dargestellt werden. Auf der rechten Seite steht der passende Fibeltext, umrahmt von einer Bilderleiste.

Beispiel 1:
RÜDIGER URBANEK/ALFRED GOLL: Alle lernen lesen. Ein methodenintegrierender Leselehrgang mit besonderen sprachlichen Hilfen zur Förderung ausländischer und lernschwächerer deutscher Kinder (Kamp-Verlag), von den Autoren kurz erläutert und kommentiert in: Kurt Meiers (Hg.): Fibeln und erster Leseunterricht. Band I. Frankfurt am Main (Arbeitskreis Grundschule) 1986, S. 136–145.

„Die um den Text gruppierten Randbilder haben eine Reihe von Funktionen:
- In ihnen werden als Verstehenshilfe alle neu im Text auftretenden Namen abgebildet.
- Sie dienen der Wortschatzerweiterung.
- Allen Bildern ist ein Symbol zur Unterscheidung des grammatischen Geschlechts beigefügt.
- Die unter den Bildern aufgeführten Wörter sind entweder fett oder grau gedruckt. Nur die fett gedruckten Wörter sollen zu dem Zeitpunkt, an dem diese Seite bearbeitet wird, gelesen werden. Die grau gedruckten Wörter können später (für das ausländische Kind) eine Art Bildlexikon darstellen, so werden in der Fibel über 400 Begriffe gesichert."

Die inhaltlichen Schwerpunkte und die Progression dieser Fibel mögen nicht für alle Klassen geeignet sein. Mit dem von ihnen entwickelten Differenzierungsprinzip für Erst- und Zweitsprachlerner haben die Autoren jedoch ein Fibelmodell vorgelegt, das auch gute Anregungen für die Produktion von Eigenfibeln und Büchern mit mehrsprachigen Klassen vermittelt. Sie bauen ihre Lektionen nach folgendem Muster auf:

Eine Situation wird erlebt oder berichtet und in Bild und Text festgehalten. Das Vokabular, das die Kinder benötigen um über diese Situation miteinander zu sprechen, zu schreiben und zu lesen, wird als Wortschatz erarbeitet und gesichert. Die Sicherung erfolgt in der Fibel durch Wort-Bild-Verbindungen, die sich auf Spiel- und Arbeitskarten übertragen lassen (und dann für Memory-Spiele o.ä. benutzt werden können).

Auf die Eigenproduktion von Büchern und Medien im weiterführenden Sprachunterricht gehen wir später ein (s. S.81 ff.). Für den Anfangsunterricht verweisen wir hier auf zwei grundschuldidaktische Ansätze, die Schriftspracherwerb im offenen Unterricht ohne Fibel organisieren.

Beispiel 2:
MONIKA NEHR, KARIN BIRNKOTT-RIXIUS, LEYLA KUBAT, SIGRID MASUCH: In zwei Sprachen lesen lernen – geht denn das? Erfahrungsbericht über die zweisprachige koordinierte Alphabetisierung. Weinheim (Beltz praxis) 1988.

Dieser zweisprachige Lehrgang wurde in Berlin im Rahmen eines Modellversuchs für die Arbeit mit bilingualen türkischen Kindern entwickelt. Er ist geeignet für balanciert Bilinguale sowie für Bilinguale mit dominanter Familiensprache Türkisch (also nicht für kurdische Kinder!).

„Für die Aneignung von Schriftsystemen unter zweisprachigen Bedingungen ist es unverzichtbar, in jeder Sprache dieselbe Leselehrmethode zu verwenden. Wir haben die analytisch-synthetische Methode gewählt, weil ihre systematische Komponente für die Koordination des deutschen und türkischen Schriftsystems gut geeignet ist." (NEHR u.a. 1988, S. 12)

Abb. 8: Lesenlernen nach dem „Reißverschlussprinzip" (Nehr u. a. 1988)

Begonnen wird die türkisch-deutsche Alphabetisierung mit Buchstaben, die in beiden Sprachen gleich oder ähnlich ausgesprochen werden. Das Team um Monika Nehr hat in diesem Zusammenhang den Begriff „Reißverschlussprinzip" geprägt. Da der Ansatz systematische Kooperation und Teamteaching deutscher und türkischer Lehrkräfte voraussetzt, wird er nur dort eine Zukunft haben, wo bilinguale Lehrerinnen und Lehrer unterrichten.

Beispiel 3:
CHRISTA RÖBER-SIEKMEYER: Die Schriftsprache entdecken. Rechtschreiben im offenen Unterricht. Weinheim (Beltz praxis) 1993.

Christa Röber-Siekmeyer orientiert sich bei der Förderung des Schriftspracherwerbs ab den ersten Schulwochen bewusst am einzelnen Kind. Sie unterscheidet in ihrem Lehrgangskonzept nicht zwischen Erst- und Zweitsprachlernern, weil sie zunächst mit Wortmaterial arbeitet, das für alle Kinder – unabhängig von ihrer sprachlichen und kulturellen Herkunft – bedeutsam ist: Nicht sorgfältig ausgewählte Fibel- oder Lernwörter bilden das Sprachinventar, mit dem ihre Schülerinnen und Schüler ihre ersten Schreibversuche starten, sondern die Namen der Kinder in der Klasse. Mit diesem Ansatz reagiert sie auf die Kritik am „Fibel-Dadaismus", an den lebensfremden, zum Teil sinnlosen Reihungen von Lernwörtern in Fibeln:

„Die Inhalte der Texte haben für Kinder gleich welchen Alters vorrangige Bedeutung gegenüber den didaktischen Absichten zum Schreiben- und Lesenlernen. Darum befasst sich auch ein Teil der Fibelkritik mit der Banalität der Texte in den ersten Büchern: Fu, tutut, Fu ruft, Uta ruft, Fu ruft Uta, Uta malen Uli, mein Ball, nein Uli nein, du Udo da deine Oma, nein Oma [...]. Die Grundthese, dass Buchstaben nur in einer bestimmten Progression und Wörter nur, wenn sie mit diesen Buchstaben ‚lautgetreu' zu schreiben sind, von Kindern erlernt werden, lassen keine anderen Texte zu. Das Wissen um die Fähigkeit von Kindern dieses Alters, sich die lautliche Bedeutung eines Buchstabens aus den schriftlichen und mündlichen Zusammenhängen der Silbe/des Wortes erschließen und mit ihm experimentell selbstständig arbeiten zu können [...], macht diese Vorsichtsmaßnahmen überflüssig. Dadurch wird die Entscheidung für situationsbezogene Inhalte mit der Möglichkeit zu Individualisierung offen."
RÖBER-SIEKMEYER 1993, S. 109.

In dem von ihr konzipierten Anfangsunterricht steht jeden Tag der Name eines Kindes und damit jedes Kind einmal selbst im Mittelpunkt der Spracharbeit.

- Sie schreibt den Namen jedes einzelnen Kindes mehrfach ganz und nach Silben getrennt auf ein DIN-A-3-Blatt (vgl. Abb. 9, S. 62) und kopiert es für jedes Kind.
- Die Kinder ziehen die Buchstabenvorlage der Lehrerin mit bunten Farben nach.
- Wenn sie diese Arbeit beendet haben, holen sie sich von der Lehrerin einen Streifen (eine Kopie), auf den diese den jeweiligen Namen nach Buchstaben und Buchstabengruppen gegliedert geschrieben hat, schneiden den Streifen an den mit gestrichelten Linien markierten Gliederungspunkten auseinander, mischen die Puzzleteile, setzen sie wieder richtig zusammen und kleben den Namen auf bunte Pappe.
- Danach drucken, tippen oder stempeln sie den neuen Namen in ihr Klassenbuch.
- Zuletzt schreiben sie ihn auf eine Karteikarte und nehmen ihn in ihren persönlichen Wortschatz auf.

Abb. 9: Einstieg in den Schriftspracherwerb über Kindernamen (Röber-Siekmayer 1993)

Die Anlaute, die nicht über die Kindernamen der Klasse repräsentiert sind, werden anschließend erarbeitet, wobei die Lehrerin auch hier darauf achtet, dass jeder Name oder Begriff, der als Symbol für einen Anlaut gewählt wird, für die Kinder bedeutsam ist. Sie kann damit auch voraussetzen, dass die ausländischen Kinder ihrer Klasse die deutschen Lexeme kennen und verstehen, über die sie die Elemente des Graphemsystems erarbeitet und sichert.

In diesem Punkt unterscheidet sich der Ansatz von RÖBER-SIEKMEYER wesentlich von den Vorschlägen, die REICHEN zum selbstgesteuerten Schriftspracherwerb im Rahmen des von ihm vorgeschlagenen Lehrgangs *Lesen durch Schreiben* macht.

Beispiel 4:

JÜRGEN REICHEN: Lesen durch Schreiben, vom Autor kurz erläutert und kommentiert in: Kurt Meiers (Hg.): Fibeln und erster Leseunterricht. Band I. Frankfurt am Main (Arbeitskreis Grundschule) 1986, S. 96-99.

„Mit dieser Bilder-Buchstaben-Tafel kann das Kind alles schreiben, was es will, und das bedeutet: Es wird von Anfang an mit dem gesamten Laut- und Buchstabenbestand gearbeitet, sodass der Wortschatz keinen Einschränkungen unterliegt. Die Buchstabentafel macht darüber hinaus Übungen zur Buchstaben-Lautzuordnung überflüssig. Schreibt das Kind mit Hilfe der Buchstabentafel – und diese Hilfe soll es so lange beanspruchen dürfen, wie es will – immer wieder selbst gewählte Wörter und Texte, dann verinnerlicht es die Buchstaben-Laut-Kenntnisse mit der Zeit und kann auf Grund der begleitenden, unbemerkten Mitübung schließlich ohne Tabelle schreiben."

REICHEN geht davon aus, dass die von ihm entwickelte Bilder-Buchstaben-Tafel (Abb.10) Kinder früh in die Lage versetzt alles zu schreiben und in der Folge auch zu lesen, was sie wollen. Der Lernerfolg der Kinder, die nach seinem Ansatz unterrichtet werden, ist also von der prinzipiellen Verfügbarkeit eines mündlichen Grundwortschatzes im Deutschen abhängig. Ausländische Kinder, die mit den Bildern der Buchstabentafel andere als die gewünschten Anlaute assoziieren, können in der Folge damit erst arbeiten, wenn sie die deutschen Begriffe auf der Buchstabentafel sicher beherrschen. Wenn sie nicht nur flüssig, sondern auch orthografisch richtig schreiben lernen sollen, werden sie allerdings in der Regel nicht nur im 1. Schuljahr Unterstützung beim Erwerb der Graphem-Phonem-Zuordnung benötigen um Laute richtig und differenziert hören zu lernen, die in ihrer Familiensprache anders artikuliert werden. Wer in mehrsprachigen Klassen *Lesen durch Schreiben* fördern will, wird das Konzept von Reichen daher auf die Lernausgangslage seiner Klasse abstimmen und vermutlich ergänzen und differenzieren müssen.

Abb.10: Die Buchstabentafel nach Jürgen Reichen

Diese kleine Auswahl aus dem aktuellen Lehrgangsangebot wollte zur kritischen Prüfung und zur bewussten Entscheidung für oder gegen bestimmte Konzepte und Modelle anregen. Die Prüfung sollte sich allerdings nicht auf den sprachlichen Anfangsunterricht und die weiterführende Schriftsprachförderung beschränken. Die Fächer Mathematik und Sachunterricht sind in diesem Zusammenhang von vergleichbarer Bedeutung. Dies gilt nicht nur für ihr fachsprachliches Niveau, sondern auch für die Inhalte, die sie präsentieren.

Ergänzende Literaturhinweise:

JOACHIM SCHROEDER: Zahlenwelten. Bausteine für einen interkulturellen Mathematikunterricht. Ulm (Vaas) 1993.

EDITH GLUMPLER: Interkulturelles Lernen im Sachunterricht. Bad Heilbrunn (Klinkhardt) 1996

3. Begleitung und Beurteilung individueller Sprachentwicklung

Mit der Einführung von Berichtszeugnissen wurde in der Grundschule eine Reihe von Erlassen und Vorschriften überflüssig, in denen Sonderregelungen für die Leistungsbeurteilung bei ausländischen und ausgesiedelten Schülerinnen und Schülern festgeschrieben worden waren. Weiterhin gilt jedoch, dass in den ersten Aufenthaltsjahren sprachliche Leistungsprobleme des Kindes bei Versetzungsentscheidungen und bei Verfahren zur Aufnahme in eine Sonderschule nicht geltend gemacht werden können.
Die Argumente für ziffernfreie Beurteilung in der Grundschule sind hinreichend diskutiert worden. Sie sollen hier nur in Stichworten wiederholt werden:

- Ziffernfreie Beurteilung ermöglicht individuelle Leistungsbewertung, unabhängig von einer fiktiven Bezugsgruppennorm.
- Sie unterstützt primär motiviertes, gemeinsames und sachbezogenes Arbeiten *aller* Kinder.
- Sie vermeidet Motivationsverluste bei Kindern, die sich auf der Grundlage von Ziffernnoten regelmäßig dem unteren oder untersten Leistungsfeld zugeordnet finden.

Neuere Untersuchungen machen allerdings auch auf Probleme aufmerksam, die sich bei der Erstellung von Berichtszeugnissen ergeben können (vgl. u.a. KONRAD 1997): Berichtszeugnisse enthalten formelhafte, wenig aussagekräftige Umschreibungen von Notenwerten, wo Lehrerinnen und Lehrer die Leistungsentwicklung der einzelnen Kinder ihrer Klasse nicht konsequent begleiten und dokumentieren.

Literatur:

HORST BARTNITZKY/REINHOLD CHRISTIANI: Zeugnisschreiben in der Grundschule. Heinsberg (Agentur Dieck) 1987.
HORST BARTNITZKY (HG.): Umgang mit Zensuren in allen Fächern. Frankfurt am Main (Cornelsen Scriptor) 1989.
HORST BARTNITZKY/ROSEMARIE PORTMANN (HG.): Leistung der Schule – Leistung der Kinder. Frankfurt am Main (Arbeitskreis Grundschule) 1992.
HEIDE BAMBACH u.a.: Prüfen und Beurteilen. Friedrich Jahresheft 1996. Seelze (Friedrich) 1996.
MICHAEL KONRAD: Analysen von Grundschulzeugnissen. In: Edith Glumpler (Hg.): Grundschulforschung. Bad Heilbrunn (Klinkhardt) 1997.

Dokumentation individueller Leistungsentwicklung

Wir sind bereits ausführlich auf Sprachstandsindikatoren und Verfahren zur Sprachstandsbestimmung eingegangen. Indikatorenlisten lassen sich für die Erstellung individueller Beobachtungsbögen nutzen, in die regelmäßig mit Datumsangabe und in Stichworten Einschätzungen des erreichten Sprachstandes eingetragen werden können. Das exemplarische Aufzeichnen defekter oder korrekter Formen (hier in Klammern) erleichtert die Organisation von Korrekturhilfen und Übungen:

15. November: Serkan gebraucht komplexe Verben aus der Umgangssprache, kann aber die Perfektform noch nicht korrekt bilden. *(Er hat geschmeißt runter.)*

11. Mai: Er gebraucht immer noch umgangssprachliche Formen komplexer Verben, bildet aber inzwischen die Perfektform richtig. *(Der Bülent hat den Hakan umgeschmissen.)*

Auch die schriftliche Textproduktion von Kindern kann für die fortlaufende systematische Leistungsbewertung genutzt werden. Folgende Notizen wären beispielsweise auf der Grundlage von Texten möglich:

- Karina bevorzugt beim Schreiben von Texten noch die Normalform (s. S. 91).
- Selma nutzt die deutsche Sprache bereits deskriptiv (s. S. 97).
- Daniel formuliert imaginativ (beschreibt seine Gefühle für die Großeltern) und achtet bei solchen Texten nicht auf orthografische Richtigkeit (s. S. 87, Abb. 19).
- Gürbet bildet selten Genitivformen. Sie ersetzt sie durch umgangssprachliche Umschreibungen („die Mutter von meinem Vater"). Formen mit Possessivpronomen bildet sie bevorzugt in der 1. Person/Einzahl.

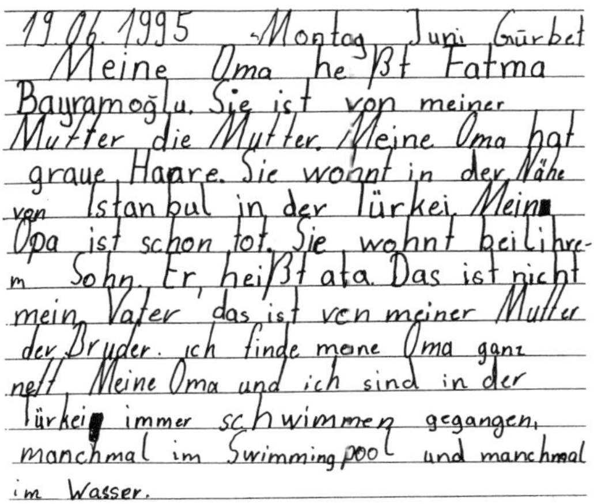
19.06.1995 Montag Juni Gürbet
Meine Oma heßt Fatma Bayramoğlu. Sie ist von meiner Mutter die Mutter. Meine Oma hat graue Haare. Sie wohnt in der Nähe von Istanbul in der Türkei. Mein Opa ist schon tot. Sie wohnt bei ihrem Sohn. Er heißt ata. Das ist nicht mein Vater das ist von meiner Mutter der Bruder. ich finde mene Oma ganz nett. Meine Oma und ich sind in der Türkei immer schwimmen gegangen, manchmal im Swimmingpool und manchmal im Wasser.

Abb. 11: Text von Gürbet

Korrekturanregung und Rückmeldung in Briefform

Für die Kinder und ihre Eltern müssen solche Bewertungen natürlich zusammengefasst und in deren Alltagssprache übersetzt werden. Ein klassischer Weg individueller Beurteilung ist die pädagogische Rückmeldung und die Vermittlung von Korrekturanregungen in Briefform. Dazu einige Beispiele:

> Liebe Seyran!
> Du hast das Interview mit Nadines Oma sorgfältig übertragen. In der ersten Zeile ist dir dennoch ein Fehler unterlaufen. Bitte höre das Band an dieser Stelle noch einmal ab und ergänze das fehlende Wort.
>
> Lieber Carsten!
> Wenn du in deinem Text einen grünen Punkt findest, solltest du im Wörterbuch nachsehen, wie das folgende Wort richtig geschrieben wird!
>
> Liebe Selma!
> Ich habe deinen Text in unseren Klassencomputer eingegeben und dabei drei Fehler korrigiert. Nun bin ich gespannt, ob du sie auf deinem Blatt selbst findest. Vergleiche!

Lieber Daniel,
du hast einen liebevollen Text über deine Großeltern geschrieben. Darin waren einige schwierige Wörter enthalten, die du noch nicht sicher schreiben kannst. Du findest diese Lernwörter unten in der Wortschatzliste. Sie sollen dir helfen, bei der Reinschrift des Textes keinen Fehler mehr zu machen.
Und: In der 3. Zeile hast du ein kleinesWort vergessen. Lies noch einmal genau!

Wortschatzliste für Daniel: sind, ehrlich, Krebs, Menschen

Individuelle Förderung durch gezielte Lehrmittelauswahl

Wenn Gürbet Possessivpronomen nur in bestimmten Formen sicher bildet (s. S. 65, Abb. 11), kann ihre Lehrerin ihr weiterführendes Übungsmaterial (Spiele, Rätsel etc.) aus der Lehrmittelsammlung anbieten, z.B. ein Pronomenrätsel aus dem Rumpelfax (s. Abb. 12), das sich thematisch mit den aktuellen Arbeiten der Klasse am „Großelternprojekt" verbinden lässt.
Findet sie kein vergleichbares Material zur Übung der Genitivbildung von Nomen, kann sie – in Anlehnung an Rumpelfax – gemeinsam mit den Kindern weitere Rätsel erfinden, die Genitivmuster vorgeben:

Wie heißt der Sohn von Gürbets Oma?
Wie heißt der Sohn ihrer Oma?

Arbeitsblatt 16 Name:

Rätsel

Funda und Nuri sind verwandt. Aber wie?

Ihre Mutter ist nicht seine Mutter. *Aber: Ihre Onkel sind auch seine Onkel.*

______ Vater ist nicht ______ Vater. *______ Tante ist auch ______ Tante.*

______ Schwester ist nicht ______ Schwester. *______ Opa ist auch ______ Opa.*

______ Brüder sind nicht ______ Brüder. *______ Oma ist auch ______ Oma.*

Lösung: ______________________________ .

Denke dir ein Rätsel aus, zum Beispiel: Wie ist es bei dir und deiner Mutter?

Ihre Eltern sind meine ______________ . *Ihr Bruder ist* ______________ .

Mein Bruder ist ______________ .

Wie ist es bei deiner Mutter und deinem Onkel, bei deinem Vater und deiner Tante? Du findest sicher noch viele Beispiele.

Abb. 12: Rätsel. Funda und Nuri sind verwandt. Aber wie?

Aufbau von Leistungsbewusstsein durch selbst gesetzte Ziele

Lernen mit der eigenen Leistung kritisch umzugehen und sich auch selbst zu loben ist für Kinder wichtig. Mit diesem Lernprozess verbunden ist die Erkenntnis, dass Leistung nicht an fremdbestimmtes Handeln gebunden sein muss, wenn man erst eigene Beurteilungsmaßstäbe und Kriterien für gute und weniger gute Leistungen entwickelt hat. Dazu zwei Beispiele aus der fortlaufenden Übungsarbeit mit dem Grundwortschatz:

- Mit Hilfe von Tonband- oder Partnerdiktaten können Kinder feststellen, wieviele Lernwörter sie bereits richtig schreiben können. Die Zahl ihrer richtigen Ergebnisse markieren sie mit Büroklammern auf vorbereiteten Maßbändern mit unterschiedlichen Grundlängen (10er/20er/30er/40er/50er-Bänder): 14 richtige von 20 Wörtern, 38 von 50 Wörtern etc. Bei jeder Leistungssteigerung darf die Klammer nach oben verschoben werden. Sobald eine Maßeinheit „geschafft ist" (z.B. 20 Richtige bei 20 Wörtern) wechseln sie selbstständig zum nächsthöheren Maßband.
- Mit Hilfe von Wort-Bild-Karten (Wendekarten) können Zweitsprachlerner überprüfen, ob sie den Nomen ihres Grundwortschatzes die richtigen Artikel zuordnen können. Die Nomen, bei denen sie noch unsicher sind, markieren sie jeweils mit Büroklammern. Langfristiges Übungsziel: ein Wortschatzkasten mit wenigen Klammern.

4. Integration gesteuerten und ungesteuerten Spracherwerbs durch Tagesplan- und Projektarbeit

Im Zusammenhang mit Prozessen des *ungesteuerten oder selbst gesteuerten Zweitspracherwerbs* (s. S. 17 ff.) haben wir auf die Bedeutung informeller Kontakte für sprachliches Lernen hingewiesen. Deshalb halten wir es für wichtig, Lernsituationen in mehrsprachigen Klassen so zu organisieren, dass informelle Gespräche zwischen ausländischen und deutschen Kindern gefördert werden. Dies setzt voraus, dass die Themen des Grundschulunterrichts auf die spezifischen Lebenswelten und Alltagserfahrungen von Kindern eingehen, sodass sie sich gerne und ausführlich mit ihnen beschäftigen. Solche Unterrichtsthemen schaffen vielfältige Anlässe für sprachliches Lernen. Die Kinder werden zu mündlicher und schriftlicher Kommunikation in einer gemeinsamen Schul- und Unterrichtssprache angeregt; sie erfahren und nutzen Sprache ganzheitlich als Mittel

- ❑ zur Kontaktaufnahme,
- ❑ zur Befriedigung von Neugier,
- ❑ zur Gewinnung von Informationen,
- ❑ zur Weitergabe von Nachrichten, Geschichten, Märchen,
- ❑ zur Verständigung bei der Planung gemeinsamer Aktivitäten,
- ❑ zur Beschreibung von Erlebnissen,
- ❑ zur Vermittlung von Empfindungen und Bedürfnissen u. v. m.

Deshalb sind für Zweitsprachlerner methodische Grundstrukturen und Rhythmisierungen des Grundschulalltags wichtig, die lebensweltbezogenes Arbeiten und die Integration von Sequenzen gesteuerten und ungesteuerten Spracherwerbs unterstützen:

a) die Arbeit mit Tagesplänen (bei fortgeschrittenen Sprachlernern auch mit Wochenplänen),
b) die Arbeit nach der Projektmethode.

Arbeit mit Tagesplänen

Informeller Unterricht nach Tagesplänen verzichtet auf die genormte Festlegung der Arbeits- und Pausenzeiten im Stunden- bzw. 45-Minuten-Takt. Der Zeitplan des jeweiligen Tages wird gemeinsam am Morgen festgelegt, sobald die Kinder mit den Elementen der Tagesplanarbeit vertraut sind. Kindern, die noch nicht (deutsch) lesen und schreiben können, lassen sich die Bausteine des Tagesplanes auch in Symbolen vermitteln.

Grafische Anregungen für die Gestaltung solcher Symbole und entsprechende Kopiervorlagen finden wir zum Beispiel bei CLAUSSEN u.a. (1993, S. 95 f.). Sie können aber auch gemeinsam mit den Kindern hergestellt und damit gleichzeitig sprachlich gesichert werden (verschiedenfarbige Kreissymbole für den Morgen- und den Abschlusskreis, eine Milchflasche als Symbol für die gemeinsame Frühstückszeit, eine Turnschuhwerbung aus dem Versandhauskatalog für ...).

Bausteine von Tagesplänen (Auswahl)
Gleitende Anfangsphase
Morgenkreis
Lehrgangsarbeit Sprache
Lehrgangsarbeit Mathematik
Sport in der Halle
Projektarbeit
Gemeinsames Frühstück
Freie Arbeit
Spielpause
Aufräumen/Saubermachen
Abschlusskreis

In den letzten Jahren wurden verschiedene, zum Teil sehr ausführliche Darstellungen zur Planung und Gestaltung von offenem Unterricht und zur Arbeit mit Tages- und Wochenplänen vorgelegt:

CLAUS CLAUSSEN u.a.: Wochenplan- und Freiarbeit. Braunschweig (Westermann) 1993.
ARIANE GARLICHS: Alltag im offenen Unterricht. Das Beispiel Lohfelden-Vollmarshausen. Frankfurt am Main (Arbeitskreis Grundschule) 1990.
RUDOLF KRÜGER: Projekt offener Unterricht. Braunschweig (SL-Verlag) 1991.
HERMANN SCHWARZ: Lebens- und Lernort Grundschule. Frankfurt am Main (Cornelsen Scriptor) 1994.

Deshalb beschränken wir uns auf die Vorzüge, die sich aus dieser Arbeitsform für mehrsprachige Klassen ergeben:

1) *Informelles Arbeiten nach Tagesplan unterstützt die Entwicklung von Ritualen, die für sprachliches Lernen genutzt werden können:* Das Abreißen des Kalenderblattes, das Nennen und Notieren des Datums auf der Kopfleiste des Tagesplans ist an jedem Morgen gleich und doch jeden Tag neu. Dieses Ritual wird mit sprachlichen Mustern verbunden, an denen sich Kinder in frühen Zweitspracherwerbsstadien orientieren können: Heute ist Montag (Dienstag ...), der 1. (2., 3 ...) Januar (Februar, März ...). Situativ lernen sie in diesem Ritual

- ❑ die Bezeichnungen der Wochentage,
- ❑ die Monatsnamen,
- ❑ die Bildung und den Gebrauch von Ordinalzahlen.

Der Gesprächskreis am Morgen und am Ende des Tages ist als Sozialform ebenfalls ritualisiert: Er verläuft nach vereinbarten Gesprächsregeln. In manchen Klassen gibt es einen besonderen „Erzählstuhl" im Kreis, andere haben einen „Erzählstein", der weitergereicht wird. Solche Rituale schützen Kinder, die sich noch nicht in der Lage fühlen vor der ganzen Klasse zu erzählen oder zu berichten. Sie dürfen den Erzählstein weiterreichen und damit aktiv den nächsten Erzähler bestimmen, wenn sie dies möchten. Gleichzeitig können Rituale aber auch Anreiz für das Kind sein eine kleine Geschichte zu erzählen/über ein Erlebnis zu berichten und selbst auch einmal im Mittelpunkt des Interesses zu stehen.

2) *Der Tagesplan lässt sich an den Arbeitsrhythmus der Kinder in spezifischen Situationen anpassen:* Spannende Geschichten und konzentrierte Arbeitsphasen werden ebenso wenig durch ein außengesteuertes Klingelzeichen unterbrochen wie eine gemütliche Frühstückspause. Die Übergänge zwischen kindgemäß gestaltetem Schulleben und Unterrichts- bzw. Lehrgangsarbeit verlaufen für die Kinder fließend. Damit wechseln sie auch regelmäßig zwischen gesteuerten und ungesteuerten (sogenannten natürlichen) Spracherwerbssituationen. Szenen, die im Fremdsprachunterricht künstlich hergestellt und nachgespielt werden müssten, ergeben sich im offenen Unterricht als natürliche Lernsituation.

Wenn Klassen regelmäßig miteinander frühstücken und ihre Lehrerin in dieser Phase besonderen Wert auf freundliche und höfliche Umgangsformen legt, werden die Kinder täglich sprachliche Muster hören und benutzen, die sie bei der Bildung von Frage- und Aufforderungssätzen unterstützen und sie gleichzeitig mit den deutschen Bezeichnungen von Lebensmitteln und Gegenständen vertraut machen:

- ❑ Möchtest du noch Milch (Kakao, ein Brötchen, etwas Marmelade ...)?
- ❑ Gib mir bitte einen Löffel (eine Gabel, einen Teller ...)!
- ❑ Hol bitte schnell einen Lappen (einen Besen, eine Schaufel ...)!

Fächerübergreifende Arbeit in Projekten

Der Begriff Projekt wird – wie viele andere pädagogische Begriffe – in den unterschiedlichsten Bedeutungsvarianten gebraucht. Wir verwenden ihn hier in Anlehnung an John Dewey für die Planung von Lernsituationen und -sequenzen, in denen Kinder für sie relevante, „echte" Fragen stellen und selbst zu beantworten versuchen, eigene Erfahrungen machen und diese Erfahrungen produktiv verarbeiten. Für Dewey war der Begriff Methode identisch mit der wirksamen Verwertung eines Stoffes zur Erreichung bestimmter Ziele. Daraus folgte für ihn, dass Lernprozesse im Verlauf von Projekten nicht spontaner Improvisation überlassen werden können. Zwar sollten alle im Rahmen von Projektarbeit entstehenden Gelegenheiten genutzt werden um auf die Fragen der Kinder einzugehen. Aber das „fundamentale Lernmaterial sollte nicht planlos improvisiert und zusammengelesen werden".

Die Arbeit nach der Projektmethode eröffnet Zweitsprachlernern ähnliche Vorzüge wie die Unterrichtsplanung auf der Grundlage von Tages- und Wochenplänen:

1) Auch der Projektplan markiert die zeitlichen Konturen und die Inhalte des notwendigen und erwünschten Handelns. Er gibt einen Arbeitsrhythmus vor, der – da sich Projektarbeit in der Grundschule über weite Strecken hinweg auf konkrete Erfahrungen und praktisches Tun konzentriert – überschauendes und sinnverstehendes Lernen ermöglicht. Zusammenhänge oder Aufträge, die von Kindern in frühen Spracherwerbsstadien noch nicht oder nicht vollständig erfasst werden können, werden für sie spätestens bei der gemeinsamem Arbeit mit ihrer Gruppe/ihrem Partner verständlich. Wo sie zunächst nicht verstehen, können sie andere zumindest interpretieren oder imitieren.

2) Projektarbeit unterstützt differenzierendes Arbeiten (s. S. 81 ff.). Sie eröffnet die Möglichkeit Kinder – abhängig von ihrer jeweiligen sprachlichen Entwicklung – mit Aufgaben zu betrauen, die sie zu bewältigen in der Lage sind. In diesem Zusammenhang sind die Forderungen Deweys von zeitloser Gültigkeit, dass der „gegenwärtige Standpunkt des Kindes" bei der Lehr-Lern-Planung zu berücksichtigen sei und dass das gemeinsame Lernen von Erwachsenen und Kindern im Rahmen von Projekten „die Planungs- und Führungsrolle des Lehrers" nicht aufheben darf. Nur so wird bewusste sprachliche Differenzierung und Individualisierung im Rahmen von Projektarbeit möglich.

3) Lehrerinnen und Lehrer, die die Sprachentwicklung der Kinder ihrer Klasse systematisch beobachten und begleiten, werden bei der Projektorganisation darauf achten, dass Zweitsprachlerner Aufgaben übernehmen oder von ihrer Gruppe übertragen bekommen, die sie nicht überfordern und entmutigen. Wo der Projektverlauf sprachlich anspruchsvolle Aktivitäten erforderlich macht, werden dafür besondere Vorbereitungs- und Übungszeiten eingeplant (vgl. die Vorbereitung von Interviews mit Erwachsenen S. 92).

Zitierte Schriften John Deweys:
1902: Das Kind und der Lehrplan. In: JOHN DEWEY/WILLIAM H. KILPATRICK: Der Projektplan. Grundlegung und Praxis. [dt. Fassung: Weimar (Böhlau) 1935]
1916: Demokratie und Erziehung.[dt. Fassung: Braunschweig (Westermann) 1964]
1938: Erfahrung und Erziehung. In JOHN DEWEY u.a.: Reform des Erziehungsdenkens [dt. Fassung: Weinheim (Beltz) 1963]

5. Das Klassenzimmer als anregende Sprachlernumgebung

Die Größe deutscher Klassenzimmer und ihre Ausstattung mit flexiblem Mobiliar ermöglichte in der Nachkriegszeit eine Differenzierung der Arbeits- und Sozialformen. Seitdem hat sich eine Reihe von Standardtypen der Klassenraumgestaltung entwickelt, die KRÜGER 1987 in einem Schulleiterhandbuch ausführlich beschrieben und analysiert hat.

Für die Arbeit mit mehrsprachigen Klassen sind diese Klassenraumtypen unterschiedlich gut geeignet.

❑ Die frontale Sitzordnung im „Hörsaal“ entspricht der klassischen Form des Sprachlabors, in dem Differenzierungsangebote durch elektrische Schaltungen organisiert werden. Für die binnendifferenzierende Spracharbeit mit Kindern, die lernen sollen ihre Aktivitäten selbstständig zu steuern, ist sie in der Regel ungeeignet. Nicht zu unterschätzen sind im Hinblick auf diese Raumanordnung allerdings die schulischen Vorerfahrungen ausländischer und ausgesiedelter Kinder. Für viele von ihnen (und nicht zuletzt für ihre Eltern) ist die in den alten Bundesländern inzwischen wenig gebräuchliche frontale Sitzordnung ein Kennzeichen „richtiger“ Klassenzimmer. Offene Raumarrangements sind für sie dagegen gewöhnungsbedürftig. Es empfiehlt sich nach unseren Erfahrungen, nicht nur die Seiteneinsteiger aus anderen Schulsystemen, sondern alle Kinder der Klasse ausführlich in die Gestaltung kindgemäßer Raum- und Sitzordnungen einzubeziehen und auch den Eltern bei Bedarf genau zu erklären, weshalb auf frontale Sitzordnungen verzichtet werden soll (und dass das Kind von einem offenen, gemütlichen Lernraum keineswegs „auf dumme Gedanken gebracht‘ oder „zum Spielen verführt“ werden muss).

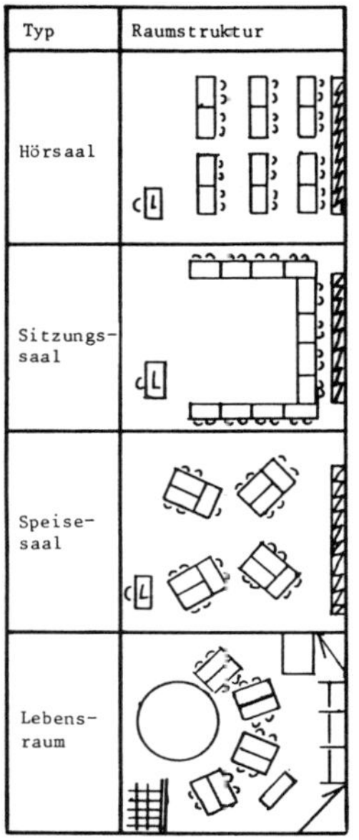

Abb. 13: Standardtypen von Klassenräumen (Auszug)

- Durch die Anordnung der Arbeitsplätze im „Sitzungssaal" entsteht zwar in der Mitte eine große Fläche, die für Vorführungen, Rollen- und Bewegungsspiele oder für Gespräche im Sitzkreis genutzt werden kann. Wenig geeignet ist dieser Typ dagegen für die Arbeit in Kleingruppen oder für Gemeinschaftsarbeiten, die größere Tischflächen erforderlich machen.
- Die Stellung des Mobiliars nach dem Prinzip „Speisesaal" finden wir gegenwärtig in unseren Praktikumsklassen am häufigsten vor, meist wird sie jedoch ergänzt durch Ausstattungselemente, die dem Typ „Lebensraum" zugeordnet wurden.
- Die Tradition der Gestaltung von Klassenräumen als „Lebensraum" oder anregende Lernumgebung lässt sich in Deutschland bis in die Reformpädagogik zurückverfolgen. Mit der Öffnung von Unterricht in den späten 70er Jahren hat die pädagogische Diskussion um die kindgerechte Ausstattung von Grundschulklassenzimmern einen neuen Höhepunkt erreicht. Systematische Hinweise und kreative Anregungen für die Raumplanung enthalten unter anderem folgende (Sammel-)Bände:

ARBEITSKREIS GRUNDSCHULE (HG.): Wie viele Ecken hat unsere Schule? Band 1: Klassenraum (Beiträge zur Reform der Grundschule Bd. 40/41). Frankfurt am Main 1979.
HILDEGARD KASPER (HG.): Vom Klassenzimmer zur Lernumgebung. Ulm (Vaas) 1979.
HANNE MAYER-BEHRENS: Grundschule – Haus für Kinder. Vom Klassenraum zur Lernlandschaft. Heinsberg (Agentur Dieck) 1987.
RUDOLF KRÜGER: Klassenräume für Schüler und Lehrer. Braunschweig (SL-Verlag) 1987.

Viele der dort dokumentierten Anregungen sind auch im Zusammenhang mit der Einrichtung von sprachlich anregenden Lernumgebungen von Bedeutung. Wir konzentrieren uns hier deshalb in den nächsten Abschnitten auf Ausstattungselemente, die nicht zum Standardinventar deutscher Klassenzimmer zählen.

Die multilinguale Klassenbibliothek

Die Ausstattung einer multilingualen Bibliothek unterscheidet sich von der konventioneller Klassenbibliotheken durch die konsequente Berücksichtigung der unterschiedlichen Spracherwerbsniveaus und der Herkunftssprachen der ausländischen und ausgesiedelten Kinder der Klasse.

- *Bilderbücher* motivieren zum gemeinsamen Betrachten und Miteinander-Reden, solange Kinder nicht oder noch nicht gut (deutsch) lesen können.
- *Bilderbuchsammlungen* mit unterschiedlich langen und anspruchsvollen Texten fördern die Lesemotivation unter Berücksichtigung ihrer individuellen Lese- und Spracherwerbsstadien.
- *Mehrsprachige Wörter(bilder)bücher* (s. SCARRY S. 28, Abb.5 und DISNEY S. 73, Abb. 14) sind in verschiedenen Sprachen erhältlich. Sie präsentieren alltags- und fachsprachliche Begriffe meist nach thematischen Einheiten gegliedert. Substantive werden mit Artikel, Verben im Infinitiv vorgestellt, Adjektive werden nur in Ausnahmefällen (z.B. bei der Einführung der Farbskala) aufgenommen.

❏ *Geschichten- und Märchenbücher* aus den Herkunftsländern ausländischer und ausgesiedelter Kinder versetzen bilinguale Kinder in die Lage ihren Mitschülern über etwas zu erzählen, das sie zuvor in der Familiensprache gelesen haben, und ihnen die passenden Bilder dazu zu zeigen. Solches Material gibt es über Pinocchio und den türkischen Nasreddin Hodscha, den spanischen Don Quichotte und die griechischen Sagengestalten, die gute Hexe Befana aus Italien und die russische Baba Jaga, über Sankt Nikolaus aus Smyrna (Izmir) und über Märchengestalten wie das Rotkäppchen, die wir in vielen Sprachen und Kulturen antreffen:

Weiterführende Hinweise zur Arbeit mit Märchen und Erzählungen vermittelt der Sammelband von Michaela Ulich/Pamela Oberhuemer (Hg): Es war einmal, es war keinmal ... Ein multikulturelles Lese- und Arbeitsbuch. Weinheim (Beltz praxis) 1985.

❏ *Thematische Sachbücher* sind ebenfalls in vielen Herkunftssprachen erhältlich. Ergänzend können in diese Abteilung auch Schulbücher (Heimat- und Sachkundebücher)

Abb. 14: Körperteile (czesci ciala), Auszug aus dem deutsch-polnischen Walt-Disney-Wörterbuch

aus den Herkunftsländern der Kinder einbezogen werden, sofern sie nicht ideologisch belastet sind.

- *Einsprachige Wörterbücher und Lexika* wie das Schulwörterbuch von KÜHN (s. S. 28, Abb.4) setzen einen gesicherten deutschen Wortschatz voraus. Sie zielen auf die selbstständige Spracharbeit von Kindern ab, für die Deutsch Erstsprache ist. Kinderlexika wie „Mein allerschönstes Lexikon" von SCARRY sind dagegen wegen der einfachen Begriffserklärungen auch für Zweitsprachlerner in früheren Erwerbsstadien zu empfehlen.

Die Audiothek

Die Audiothek besteht im Wesentlichen aus einer Kassetten- oder Tonbandsammlung und einfachen, robusten Abspielgeräten mit Kopfhörern. Sie hat verschiedene Funktionen:

- Vorbereitendes Hören eines Märchens/einer Geschichte im Deutschen oder in der Familiensprache erleichtert Kindern das anschließende Verstehen oder Erlesen eines Texts.
- Konzentriertes Hören und gleichzeitiges stummes Mitlesen eines deutschen Textes fördert (nicht nur) bei ausländischen Kindern das spätere gestaltende Lesen, z.B. angemessene Intonation und richtige Aussprache.
- Lieder und Tänze auf Band/Kassette laden zum Mitsingen, Tanzen und zum (pantomimischen) Spiel ein. Eingängige Melodien und Refrains von Liedern vermitteln und sichern sprachliche Muster, pantomimische Darstellungen erleichtern das Textverständnis.
- Hörbilder fördern genaues Hören. Sie eignen sich auch zur Diskriminierung von Geräuschen und zur Sicherung der jeweils angemessenen sprachlichen Bezeichnungen (Gewitter/donnern, Vogelstimmen/zwitschern, Straßenverkehr/hupen, klingeln ...)

Neben Tonträgern, die kommerziell vertrieben werden, spielt das mit der und für die eigene Klasse erstellte Bandmaterial bei der Zusammenstellung der Audiothek eine wichtige Rolle:

- Lehrerinnen und Lehrer, die spannend erzählen oder gerne vorlesen, können ihre eigenen Textinterpretationen auf Band aufnehmen und sie den Kindern in der Audiothek zur Verfügung stellen.
- Ausländische Kolleginnen und Kollegen, Eltern oder auch ältere Geschwister können für Aufnahmen in den Familiensprachen der Kinder gewonnen werden.
- Schülerinnen und Schülern, die gut (vor)lesen, können im Tonstudio selbstständig Beiträge für die Audiothek vorbereiten und herstellen.

Das Tonstudio

Wichtigster Bestandteil des Tonstudios sind einfache Sprachaufnahmegeräte (möglichst mit externem Mikro). Diese können benutzt werden

- für Sprachaufnahmen, die Erwachsene oder Kinder für die Audiothek herstellen,
- für die Erstellung von Tonbanddiktaten (Wortübungen, Textübungen),
- für die Durchführung von Interviews,
- für die Selbsteinschätzung der eigenen Sprachkompetenz: Kinder nehmen einen Lesetext auf Band auf/erzählen eine Geschichte auf Band, hören das Band anschließend allein oder mit dem Freund/der Lehrerin ab und bewerten/korrigieren sich selbst.

Die Druckerei

Angeregt durch die Freinet-Bewegung haben viele deutsche Grundschulen in den letzten Jahren Druckereien angeschafft. Wir beobachten in diesem Zusammenhang allerdings an unseren Praktikumsschulen zwei sehr gegenläufige Entwicklungen:

- Wo im Klassenzimmer genügend Platz für die Arbeit mit der Freinet-Druckerei geschaffen werden kann oder gar ein eigener Raum für Druckarbeiten zur Verfügung steht, ist sie ein wunderbares Medium zur Förderung eigenständiger sprachlicher Produktion und gleichzeitig ein Ort, an dem die Kinder vielfältige Anregungen für gestaltendes und formbewusstes Arbeiten mit Schriftsprache erhalten können.
- Wo die Freinet-Druckerei nur unter räumlich beengten Bedingungen (zum Teil auch vorübergehend) aufgestellt werden kann, geht viel von ihrem Anregungspotenzial verloren: Buchstaben werden nicht systematisch gesäubert und in die Setzkästen zurückgeräumt; feuchte Druckseiten verschmieren, wo keine Pinnwände oder Trockenleinen vorhanden sind.

Als Alternativen zur klassischen Form der Druckerei bieten sich an:

- Arbeitsplätze mit mechanischen Schreibmaschinen, auf denen die Kinder Karteikarten beschriften, kurze Nachrichten tippen oder eigene Texte sauber abschreiben können.

Heiß
Heiß ist
Heiß ist es
Heiß ist es hier
Heiß ist es hier drau ßen

Feyza

Abb. 15: Gedicht aus der Druckerei der Grundschule Kleine Kielstraße in Dortmund

- PC-Arbeitsplätze mit Textverarbeitungs- und Malprogrammen und einfachen Nadeldruckern, die – insbesondere älteren Kindern – die Eigenkorrektur von Texten erleichtern. Faszinierend und motivierend ist für viele Kinder, dass mit Hilfe des Personalcomputers Fehler in Texten unsichtbar gemacht werden können, dass man mit Sprache spielen kann, indem man einzelne Wörter oder Satzteile willkürlich oder gezielt versetzt. Textverarbeitungsprogramme können die Arbeit mit operationalen Verfahren der Schriftsprachförderung (Umstell- und Ersatzproben, Weglass- und Erweiterungsproben und Umformungsproben) erleichtern. (Zum Einsatz operationaler Verfahren vgl. ausführlich POMMERIN u.a. 1996, S. 172–176.)

Begünstigt wird die PC-Ausstattung gegenwärtig durch die rasante Entwicklung im EDV-Sektor, die ein rasches Veralten der Hardware zur Folge hat. Solange die Kinder mit einfacher Schreib- und Mal-Software arbeiten, genügt ihnen eine Ausstattung mit den robusten Hardware-Antiquitäten aus den späten 80er und frühen 90er Jahren, die von Profi-Nutzern gerne „entsorgt" werden.

Anregungen für eine Verbindung von Bibliothek, Audiothek, Tonstudio und Druckerei liefert eine ansprechend illustrierte Sammlung von Kinderversen, die Hüsler zusammengestellt hat. In diesem Band sind Kinderreime in vielen Sprachen und Schriften enthalten (nicht nur in den bekannten Gastarbeitersprachen, sondern unter anderem auch in Tamil, Koreanisch, Vietnamesisch, Chinesisch, Farsi/Iranisch, Hebräisch, Russisch, Kroatisch, Albanisch und Slowenisch). Jede Buchseite enthält einen Vers in Originalsprache und -schrift, seine hochdeutsche Übersetzung sowie eine Aussprachehilfe für deutsche Kinder. Die Begleitkassette präsentiert die Verse in musikalischer Bearbeitung.

Literatur:

SILVIA HÜSLER: Al fin Serafin. Kinderverse aus vielen Ländern. Zürich (Verlag pro juventute/ UNICEF) 1993.

Was eine anregende Sprachlernumgebung sonst noch ausmacht, ist in vielen Grundschulklassenzimmern bereits vorhanden:

- Das Regal, der Schrank oder die Ecke mit den selbst gemachten oder gekauften *Sprachspielen*: mit Memories, Quartetten, Brettspielen, Dominos etc.;
- die *Kleiderkisten*, in denen die Kinder alte Klamotten, Schminksachen, Masken etc. sammeln und aufbewahren, die sie für spontane Rollenspiele, aber auch zur Vorbereitung von Vorführungen nutzen;
- der *Theaterschrank*, dessen Inhalt zum sprachlichen Improvisieren oder zum gezielten Proben von kleinen Stücken mit dem deutschen Kasper und seinem Krokodil, den türkisch/griechischen Schattenspielfiguren Hacivat und Karagöz oder mit einer Pinocchio-Marionette einlädt;
- die *Pinnwände*, *Litfaßsäulen* und *Wäscheleinen*, an denen Nachrichten für alle Kinder, witzige Notizen oder besonders gut gelungene Arbeiten befestigt und ausgestellt werden können.

6. Auswahl und Herstellung von Sprachlernmedien

Bei der Zusammenstellung von Materialien und Sprachlernmedien ergeben sich oft vergleichbare Probleme wie bei der Vorbereitung von Lehrgangsentscheidungen: Nur wenige Angebote des Lehrmittelmarktes für Regelklassen berücksichtigen die Lernausgangslage mehrsprachiger Grundschulklassen. Materialien für Zweitsprachlerner orientieren sich dagegen oft am Stil von Medienproduktionen (Sprachbüchern, Arbeitsmappen und AV-Medien), die in Deutschland ursprünglich für den Fremdsprachenunterricht entwickelt wurden. Abbildungen und Nachbildungen, Modelle und Grafiken präsentieren Lexeme jedoch häufig in dekontextualisierter Form. Sie elementarisieren, reduzieren, abstrahieren und fördern damit die Entstehung von Missverständnissen und sprachlichen Unsicherheiten.

Dazu ein Beispiel aus einem älteren Leselehrgang: Die Abbildung auf einer Begleitkarte zur Fibel sollte eine Blumenvase zeigen und zur Einführung des Buchstabens „V" benutzt werden. Die türkischen Kinder der Klasse interpretierten das Bild allerdings völlig anders: Für sie stellte es ein Teeglas dar. Ihre Graphembezüge waren in der Folge „T" wie Tee oder „Ç" wie çay (türk: Tee), „G" wie Glas oder „i" wie içmek (türk: trinken).

Für den Zweitsprachunterricht in der Grundschule gilt deshalb: Seine wichtigsten Medien sind die *gesprochene Sprache* und das *Original*, d.h. die originale Begegnung mit Personen und Gegenständen in für das Kind überschaubaren Situationen.
Wir gehen davon aus, dass gesteuerter Zweitspracherwerb bei Kindern durch die Gestaltung von erfahrungs- und handlungsbetonten Lernsituationen (Erwerbskontexten) gefördert werden kann. Für die Entwicklung und Bereitstellung von Medien und Materialien bedeutet dies:

a) Wo Originale (Dinge oder Personen) in die Lernsituationen hineingebracht werden können, sollte dies ermöglicht werden.
b) Wo für sprachliches Lernen relevante Originale im Schulumfeld aufgesucht werden können, führen Unterrichtsgänge, Wanderungen oder Exkursionen zu Sprachlernmedien.

Unsere nachfolgenden Vorschläge zur Material- und Medienproduktion konzentrieren sich deshalb auf die Verbindung von originaler Begegnung, unmittelbarer Erfahrung und schriftsprachlicher Produktion. Erprobt haben wir sie gemeinsam mit Studierenden im Rahmen von schulpraktischen Studien.

Beispiel 1: Sicherung von Fibelwörtern

Die Kinder und die Praktikantin sitzen im Kreis. Vor ihnen liegt ein Gegenstand unter dem „Geheimnistuch" (genau genommen sind es drei Gegenstände, aber das wissen die Kinder noch nicht). Was könnte darunter sein? Die Kinder raten; es darf nur mit Ja oder Nein geantwortet werden, das ist die Regel. Die wichtigsten Standardfragen kennen die Kinder bereits. Sie üben dabei gleichzeitig Fragemuster und Kategorien ein, die ihnen später helfen werden ihre Wahrnehmungen sprachlich zu differenzieren: Ist es rot (grün, blau ...), ist es rund (eckig), alt (neu), teuer, zerbrechlich ...? aus Holz, aus Stein ...? Mit Gucken und Raten kommen sie nicht weiter, also dürfen sie die Dinge unter der Decke vorsichtig befühlen. Petra meint: „Es ist ein Rohr!" Erdal widerspricht: „Nein, eine Schüssel!" Als das Geheimnistuch endlich gelüftet wird, ist klar, weshalb es diesmal so schwer war, die Gegenstände zu erraten: Da stehen drei Blumenvasen, eine bauchig und breit (die Schüssel), eine hoch und schmal (das Rohr) und ein winziger Krug. Die Kinder wissen, wozu man Vasen braucht. „Da tun wir die Blumen rein, wenn Besuch kommt." Ihre Lehrerin hat einen Trockenstrauß und ein paar Zweige mitgebracht. Damit füllen sie die drei Vasen. Auf die vorgefertigte Wort-Bild-Karte zum Lexem „Vase" verzichtet die Praktikantin. Die Kinder erhalten stattdessen Wortstreifen, mit denen sie selbst weiterarbeiten können. Drei davon kleben sie noch gemeinsam auf die Vasen. Die anderen benutzen sie – wie sie es gewöhnt sind – zum Nachspuren, Abschreiben, Zerschneiden etc.

In dieser Unterrichtssequenz waren zwei mediale Ebenen wichtig:

a) Während der Phase realer Begegnung wurde die Bezeichnung Vase auf drei verschiedene Gegenstände mit gleicher Funktion bezogen. Damit wurde auch in den differenzierten Gebrauch des Lexems eingeführt.
b) Während der Arbeit mit den Wortstreifen konnten sich die Kinder auf die Übung des neuen Graphems bzw. auf die anspruchsvolle neue Phonem-Graphem-Verbindung (V) konzentrieren und darüber nachdenken, warum sie nicht „Wase" schreiben oder „Fase" sprechen sollen, obwohl sie beide Lösungen plausibler finden würden.

Beispiel 2: Wortschatzarbeit nach Unterrichtsgängen

Die Klasse 2e informierte sich im Dortmunder Schulmuseum über den Schulalltag zu Großmutters und Großvaters Zeiten (s. S. 81 ff.). Die Arbeiten, die im Anschluss an den Unterrichtsgang entstanden sind, vermitteln einen ersten Eindruck von der möglichen Vielfalt der sprachlichen und medialen Umsetzung der Erfahrungen aus originaler Begegnung:

- Seyran malte die Gegenstände, die sich in den alten Schultonnen befanden, und schrieb die deutschen Bezeichnungen neben die jeweiligen Bilder (s. S. 99, Abb. 31).
- Die Wort-Bild-Karte von Selma erinnert an das Klassenfoto, das die Kinder wegen der Größe früherer Klassen beeindruckt hatte (s. S. 99, Abb. 32).
- Cem schnitt das Foto einer alten „Tonne" aus dem Museums-Prospekt aus und beschrieb den darauf abgebildeten Inhalt der Schultasche (s. S. 100 f., Abb. 33 und 34).

Die Verarbeitung von Unterrichtsgängen zu eigenen Medien hat verschiedene Vorteile: Anders als bei vorgefertigten Glossaren (vgl. S. 25, Abb. 1) werden fachsprachliche Bezeichnungen nicht isoliert aufgeschrieben und gelernt, sondern im Kontext von Berichten und Erzählungen verwendet. Und: Das „Memorieren von Vokabeln" wird durch Fotos oder Kinderzeichnungen unterstützt, die die Kinder an eigene Erfahrungen und Erlebnisse erinnern.

Beispiel 3: Verarbeitung von Naturerlebnissen in Tastwortschätzen und Collagetexten

Die Praktikantinnen laden „ihre“ Klasse (2. Jgst.) in der ersten Praktikumswoche zu einer Strandwanderung mit anschließendem Picknick ein um die Kinder näher kennen zu lernen, mit denen sie insgesamt sechs Wochen lang arbeiten werden. Während der Wanderung sammeln sie Gegenstände, die sie für die anschließende Spracharbeit im Klassenzimmer benutzen wollen.
Tastwortschatz: Sie schreiben für die Kinder die Wörter *Muschel, Stein, Sand, Blatt* ... mit dickem Filzschreiber auf festen Karton und bekleben mit ihnen gemeinsam die Buchstabenlinien von „Muschel“ mit kleinen Muscheln, von „Blatt“ mit kleinen Blättern. Das Wort *Sand* wird Buchstabe für Buchstabe mit Kleber nachgespurt und sofort danach mit Sand bestreut. Als die Wortkarten getrocknet sind, tasten und „lesen“ die Kinder die Wörter mit verbundenen Augen.
Collagetext: In den Texten, die die Kinder über Strandwanderung und Picknick schreiben, dürfen sie Wörter durch Naturmaterialien ersetzen. Sie schreiben auf dickem Karton (aus zerschnittenen Umzugskisten), damit sie auch schwerere Objekte (Muscheln, kleine Steine) benutzen können.

Für Zweitsprachlerner haben solche Tastwortschätze den Vorteil, dass sie die gesuchten Bezeichnungen materiell repräsentieren. Deshalb eignet sich das Prinzip des Tastwortschatzes in erweiterter Form auch für die spätere Erarbeitung und Sicherung von fachsprachlichen Begriffen. Dazu zwei Beispiele:

- In Klarsichthüllen lassen sich getrocknete Blätter, Blüten und Früchte von Eichen, Linden, Birken, Buchen, Pappeln ... längere Zeit aufbewahren. Sie können betrachtet, vorsichtig befühlt und später mit verbundenen Augen wiedererkannt und benannt werden. Die richtigen Bezeichnungen finden die Kinder als Wortstreifen ebenfalls in der Hülle (Eichenblatt/Eichel, Buchenblatt/Buchecker ...), sodass sie den Inhalt der Hülle auch für Zuordnungsübungen im Sachunterricht und für fachsprachliche Übungen verwenden können.
- Auf festen Karton können Zweige und Früchte von Nadelbäumen (Tannen, Fichten, Kiefern) aufgenäht werden. Solche Tastkarten unterstützen im Übrigen nicht nur bei Zweitsprachlernern die genaue Prüfung der Zweige: Denn mit Hilfe von dreidimensionalen Medien lässt sich sehr viel präziser beschreiben, bei welchen Bäumen die Nadeln flach bzw. rund um den Zweig angeordnet sind.

Beispiel 4: „Riech- und Schmeckgläser“ – Wortschatzarbeit „mit allen Sinnen“

Wir haben mit den Kindern einer 3. Klasse ein Rezept für *köfte* (türkische Hackfleischbällchen) ausprobiert: Fleisch und Gewürze gut vermischt, die *köfte* geformt, gebraten und mit großem Vergnügen verzehrt. Nun geht es ans Aufräumen. Wir verschließen die Gewürze, die übrig geblieben sind, in Schraubgläsern. Dazu verwenden wir leere, saubere Marmelade- oder Gurkengläschen. Am nächsten Tag holen wir die Gläser in den Morgenkreis. Eine der Praktikantinnen wettet mit den Kindern, dass sie mit verbundenen Augen bestimmen kann, in welchem Glas sich Kimiyon (Kreuzkümmel) befindet. Sie findet das richtige Glas sogar ohne den Deckel zu öffnen, weil sie einen kleinen Trick angewendet hat (sie hat ein wenig Kimiyon am Deckel des Glases verrieben). Die Kinder dürfen anschließend die Gläser öffnen, wenn sie mit verbundenen Augen daran riechen: Das riecht nach ... Knoblauch, Zwiebel, Petersilie, Pfeffer ... Nur beim Salz will es mit dem Erkennen durch Riechen nicht so recht klappen. Also darf Harika eine Prise probieren.

Riech- und Schmeckgläser eignen sich für die Erarbeitung der Adjektive *süß, sauer, salzig, bitter* und *scharf* und der Namen von Speisen und Gewürzen.

Beispiel 5: Fachsprache und Beschriftung von Materialkästen

Im Handarbeitsunterricht werden die Kinder sehr praxisnah in Materialkunde und ihre fachsprachlichen Begriffe eingeführt. Wir dürfen die umfangreiche Materialsammlung der Kollegin für die Spracharbeit mit einer 3. Klasse benutzen und entscheiden uns für ein Sortiment Nadeln, die wir in der Folgewoche benötigen werden um die Handpuppen für unser Märchenspiel einzukleiden. Auf unserem Demonstrationstisch liegen Stricknadeln in verschiedenen Längen und Stärken, Häkelnadeln, Nähnadeln, Stopfnadeln. Wir sortieren nach Nadeln mit und ohne Öhr, nach Größe und zum Schluss nach Funktion. Anschließend probieren die Kinder die Nadeln mit dem jeweils passenden Material (Wolle, Garn, Faden, Stoff und einem „Strumpf mit Loch") aus und legen sie in getrennte Materialschachteln, die wir sorgfältig beschriften.

Die Kinder benutzen und üben während ihrer Sortierarbeit zusammengesetzte Substantive und leiten jeweils die passenden Infinitivformen aus dem Bestimmungswort ab. Verzichtet wird auf eine weitergehende Analyse nach Grund- und Bestimmungswort. Wichtiger sind uns an dieser Stelle die Materialbezeichnungen *Wolle, Faden, Garn.*

zum Nähen:	Nähnadeln, Näh**faden**
zum Stopfen:	Stopfnadeln, Stopf**garn**, Stopf**wolle**
zum Stricken:	Stricknadeln, Strick**wolle**
zum Häkeln:	Häkelnadeln, Häkel**garn**

Beispiel 6: Märchenrätsel und -karteien

In einer 2. Klasse stellen die Kinder fest, dass viele Märchen „gleich anfangen" und dass man trotzdem ganz schnell merken kann, welches Märchen gerade erzählt oder vorgelesen wird. Diese Erkenntnis nutzen wir für die Herstellung einer Märchenkartei für die Bibliothek. Auf die Textseite der Wendekarten schreiben oder drucken die Kinder den Anfang des Märchens, auf die Bildseite zeichnen oder kleben sie ein Bild einer Märchengestalt, die in diesem Märchen wichtig ist, sowie ein Symbol, das das Auffinden des „richtigen" Märchenbuchs in der Bibliothek erleichtert.

Die Formen der Medien- und Materialproduktion, die hier exemplarisch beschrieben wurden, sind in besonderer Weise für die Arbeit im Rahmen von fächerübergreifenden Projekten geeignet. Wie ein solches Projekt geplant und für sprachliches Lernen aufbereitet werden kann, werden wir im Folgenden zeigen.

Projekte planen und für sprachliches Lernen aufbereiten

Dokumentationen erfolgreicher Projektarbeit machen in der Regel nur Ausschnitte aus dem komplexen Diskussions-, Planungs- und Handlungszusammenhang sichtbar, in dem sie entstanden sind. Der geordneten Darstellung von Projektabschnitten und einzelnen Arbeitsschritten geht jedoch meist eine aufwändige und kreative Planungsphase voraus, deren Erträge nur in Stichworten oder auf einzelnen Notizzetteln festgehalten werden. Solche Notizen lassen sich zunächst nach thematischen oder fachlichen Schwerpunkten ordnen (engl.: *clustern*) und auf einer Pinnwand sammeln. Wo mehrere Lehrerinnen und Lehrer mit einer Klasse an einem Projekt arbeiten oder alle Klassen einer Schule eine Projektwoche zu einem gemeinsamen Thema gestalten, erleichtert die *Cluster*-Darstellung die spätere Koordination der verschiedenen Projektbausteine (vgl. die Darstellung eines Hexenprojekts, Abb. 16, S. 82). Sie kann aber auch bei kleineren, überschaubaren Projekteinheiten hilfreich sein, wie wir sie hier im Zusammenhang mit der Produktion des „Großelternbuchs der 2e" vorstellen.

1. Die Klasse 2e – eine mehrsprachige deutsche Regelklasse

Die 2e ist eine „deutsche Regelklasse" mit dreizehn türkischen, sechs deutschen und drei jugoslawischen Kindern, einer kurdischen Schülerin aus dem Irak und einer polnischen Schülerin. Die ausländischen Kinder sind überwiegend in Deutschland geboren oder hier aufgewachsen. Nur eine Schülerin kam erst vor einem Jahr aus der Türkei, eine andere vor drei Jahren aus Polen.
Die Unterrichtssprache in der 2e ist Deutsch. Viele Kinder der Klasse wachsen jedoch zweisprachig auf. Wir vermuten, dass einige von ihnen noch immer Bilinguale mit dominanter Familiensprache sind, obwohl sie seit ihrer Geburt in Deutschland leben. Bei mindestens zwei Kindern können wir davon ausgehen, dass sie Deutsch als Zweitsprache nachzeitig (im Anschluss an ihre Erstsprachen Türkisch bzw. Polnisch) erworben haben.
Die Altersstreuung der 2e ist breit: Die jüngste Schülerin, ein deutsches Mädchen, ist achr Jahre alt, die älteste Schülerin bereits zwölf Jahre. Sie hat vor ihrem Wechsel nach Deutschland eine polnische Grundschule besucht.

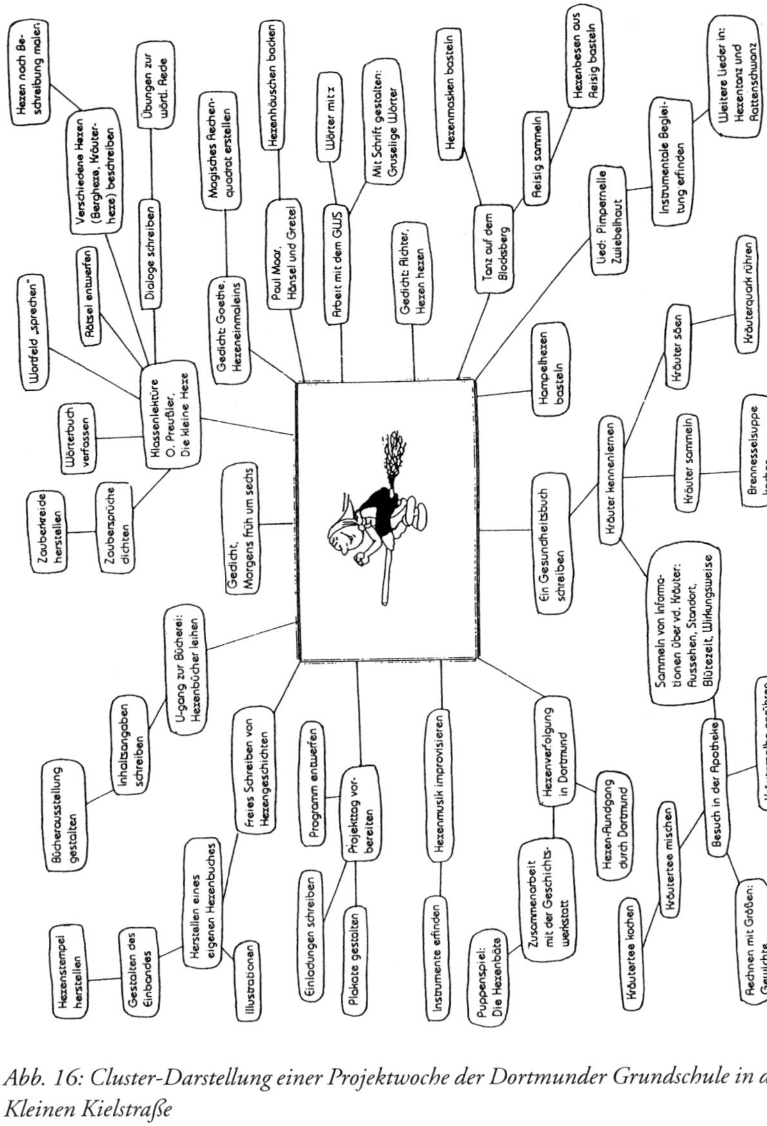

Abb. 16: Cluster-Darstellung einer Projektwoche der Dortmunder Grundschule in der Kleinen Kielstraße

2. Das Großelternbuch der 2 e – zur Entstehung eines Projekts

Das Großelternbuch der 2e ist im Rahmen eines fächerübergreifenden Projekts entstanden, dessen Verlauf für die Arbeitsmittelsammlung der Universität Dortmund ausführlich dokumentiert wurde. Die Klassenlehrerin der 2e, Frau Günther, begleitet als Mentorin die schulpraktischen Studien von Lehramtsstudierenden in der ersten universitären Ausbildungsphase.
Mit solchen Dokumentationen halten wir die Planung und Realisierung von Unterrichtssequenzen oder Projektbausteinen im Detail fest um sie für spätere Lehranalysen mit Studierenden exemplarisch rekonstruieren zu können. Die Projektarbeit der 2e wurde von Elke Schubert wissenschaftlich begleitet und in Veröffentlichungen als *Modell für die Planung interkultureller Sachunterrichtsprojekte* vorgestellt.

Das Projekt umfasste fünf Einheiten:

Einheit 1: Meine Familie
- Gemeinsame Erarbeitung der Verwandtschaftsbeziehungen innerhalb der Familie
- Grafische Systematisierung der Generationenfolge an der Tafel in Form eines einfachen Stammbaums
- Erste Versuche zur Erstellung eines Stammbaums der eigenen Familie
- Ergänzung der Informationen über die eigene Familie durch Befragung der Eltern
- Weiterführung/Abschluss der Arbeiten am eigenen Stammbaum

Einheit 2: Meine Großeltern
- Erinnerungen der Kinder an ihre Großeltern (Beschreiben, Erzählen, Zeichnen und Malen)
- Erfragen und Sammeln von Informationen und Fotos über die Großeltern
- Erarbeiten eines Fragebogens/Befragung von Großeltern bzw. Eltern

Einheit 3: Nadines Großeltern kommen zu Besuch in unsere Klasse
- Vorbereitung des Besuchs (Einladung der Großeltern, Erarbeitung eines Fragenkatalogs, spielerische Interviewübungen)
- Selbstständige Durchführung eines Zeitzeugeninterviews und Erstellung von Tonbandaufnahmen
- Nachbereitung des Besuchs (Reflexion der Gespräche, Verschriftung der Tonbandaufzeichnungen, Überarbeitung von Texten)

Einheit 4: Besuch im Schulmuseum
- Vorbereitung des Museumsbesuchs (Anknüpfung an die Schulerinnerungen von Nadines Großeltern, Befragung der eigenen Eltern und Großeltern)
- Spielerisches Kennenlernen des Schulalltags und der Unterrichtsmethoden im Kaiserreich (Nacherleben der frontalen Sitzordnung in fest stehenden Bänken, Schreiben mit Griffeln auf Schiefertafeln etc.)
- Nachbereitung des Museumsbesuchs (Nachspielen der im Museum erlebten Unterrichtssituation, Vergleich mit den eigenen Schulerfahrungen und den Erfahrungen von Eltern und Großeltern, Verfassen von Texten)

Einheit 5: Unser Großelternbuch
Ordnen, Zusammenstellen und Überarbeiten der Materialien für die Buchfassung

ELKE SCHUBERT: Ein Buch über unsere Großeltern. Ein Projektbericht aus einer multikulturellen Grundschule. In: Sachunterricht und Mathematik in der Primarstufe 23 (1995), Nr. 9, S. 423–426 (Teil 1), und Nr. 10, S. 461–468 (Teil 2).

Wir rekonstruieren und reanalysieren das Projekt hier
a) um auf die sprachlichen Lernanregungen hinzuweisen, die die ausländischen Kinder der Klasse im Rahmen der Projektarbeit erhielten,
b) um exemplarisch zu zeigen, wo gemeinsame Projektarbeit ausländischer und deutscher Kinder in der Regelklasse für gezielte Schriftsprachförderung genutzt werden kann.

3. Förderung mündlichen Sprachgebrauchs durch innere Differenzierung

Im Verlauf des Projektes lässt sich eine Vielzahl von Situationen bestimmen, in denen mündlicher Sprachgebrauch von Bedeutung war. Einige Beispiele:

- die Sammlung von Arbeitsvorschlägen für das Großelternprojekt,
- die Erzählungen über die eigene Großmutter/den eigenen Großvater,
- die Vorbereitung von Fragebögen/Fragenkatalogen in den Einheiten 1 und 3,
- die Vorbereitungs- und Planungsgespräche zu den Einheiten 3 und 4,
- die Interviewübungen zur Vorbereitung der Zeitzeugengespräche in Einheit 3.

In Klassengesprächen sind nie alle Kinder gleichmäßig aktiv. Wir können zwar davon ausgehen, dass sprachliches Lernen auch rezeptiv erfolgen kann, also auch über bewusstes Hören gefördert wird. Viele Kinder haben jedoch Probleme sich vor der ganzen Klasse oder im Gesprächskreis zu äußern. Dies gilt speziell für Zweitsprachlerner in frühen Erwerbsstadien und für Kinder, die sich im Deutschen noch nicht sicher fühlen.
Bei diesen Kindern ist die inhaltliche und soziale Differenzierung der Kommunikationssituation häufig eine wichtige Voraussetzung für die gezielte Förderung mündlichen Sprachgebrauchs.
Wie Differenzierung im Rahmen von Projektarbeit bewusst organisiert und für die Unterstützung sprachlichen Lernens genutzt werden kann, lässt sich am Beispiel der Erzählsequenzen von Einheit 2 verdeutlichen:

„Feinbarten, dass alle [Kinder] für die nächste Stunde Fotos ihrer Großeltern mit in die Schule bringen sollten. Anhand eines ausgewählten Fotos beschrieb nun jedes Kind eine Großmutter oder einen Großvater. Den meisten Schülern fiel es noch schwer, eine genaue äußere Beschreibung abzugeben und Informationen über die näheren Lebensumstände der Großeltern zu vermitteln. Im Vordergrund stand bei fast allen das Bedürfnis über gemeinsam erlebte Situationen zu berichten. Aus diesem Grund hielten wir es für wichtig, zunächst allen die Möglichkeit zu geben sich individuell und gefühlsmäßig dem Thema zu nähern und sie erst allmählich an eher sachorientierte Formen des Beschaffens und Weitervermittelns von Informationen heranzuführen.
Um auch die zurückhaltenden und sprachlich schwächeren Schüler zu Wort kommen zu lassen boten wir ihnen die Möglichkeit zu Einzelgesprächen, die wir auf Tonband aufnahmen und die sie später als Hilfe beim Verfassen ihrer Texte benutzen konnten. Sehr viele Kinder machten von diesem Angebot Gebrauch und wir waren überrascht, wie viel gerade auch die sonst sehr ruhigen Kinder zu erzählen hatten." (SCHUBERT 1995, S. 461)

Inhaltliche Differenzierung: Als die Lehrerin feststellt, dass sie die Kinder durch formale mündliche Spracharbeit (Bildbeschreibung, kontextfreie Schilderung von Lebensumständen etc.) überfordern würde, beschränkt sie die inhaltlichen Anforderungen in der Anfangsphase auf sogenannte kontextgebundene Sprachproduktion: auf das Erzählen und „Berichten über gemeinsam erlebte Situationen". In dieser Phase bestimmen die Kinder individuell die Themen und Inhalte, über die sie sprechen wollen. Inhalte, die sachorientiertes Beschaffen und Versprachlichen von vergleichbaren Informationen (Alter, Wohnort, Beruf ...) über die Großeltern erforderlich machen, werden nachgeordnet thematisiert.

Soziale Differenzierung: Kinder, die sich vor der Klasse nicht selbst äußern wollen, dürfen sich während des Klassen- oder Kreisgesprächs ungestört in die Rolle des Zuhörers begeben. Niemand drängt sie zu Berichten, denen sie sich noch nicht gewachsen fühlen.

Zu den anschließenden Einzelgesprächen können sie sich in entspannter Atmosphäre mit der Lehrerin oder einer anderen Gesprächspartnerin zurückziehen. Die Lehrerin hat in dieser Situation die Möglichkeit die Erzählung des Kindes durch Fragen zu unterstützen, seine Äußerungen sprachlich zu modellieren oder behutsam zu korrigieren und sich ganz auf das einzelne Kind zu konzentrieren. Solche Gespräche können am Arbeitsplatz des Kindes, aber auch in der Leseecke oder im Tonstudio stattfinden. Neben der Lehrerin könnten auch Vertraute des Kindes (die beste Freundin/der beste Freund) an diesem Gespräch teilnehmen, das Foto bewundern, Fragen stellen und damit die Entwicklung einer ungezwungenen informellen Gesprächssituation unterstützen.

Mediale Differenzierung: Leitmedium der Erzählungen der Kinder sind die Fotos der Großeltern. Darauf können sich Beschreibungen beziehen, die in der Regel im Präsens formuliert werden: *Meine Oma heißt Yurda. Sie hat ein Kopftuch (Nilüfer).* Fotos können jedoch auch Erinnerungen auslösen, die nur für das einzelne Kind nachvollziehbar und kontextualisierbar sind. Damit sind sie ein Medium, das zu Gesprächen über Vergangenes (im Präteritum oder Perfekt) motiviert: *Das Foto haben wir im Wohnzimmer gemacht. Mein Bruder Yilmaz saß auf dem Sofa (Neslihan).* Beiläufig kann mit dem Medium „Foto" also im Unterrichtsgespräch ein Tempuswechsel angeregt und geübt werden.

Die Tonbandaufnahmen signalisierten den Kindern, dass das, was sie berichten, wichtig ist. Später können ihnen die Aufnahmen dabei helfen, die eigene mündliche Darstellung ins Schriftliche zu übertragen und einen längeren Text abzufassen. Die Klassenlehrerin könnte solche Tonbandaufnahmen auch zur Beurteilung des Sprachstandes nutzen:

a) zur Gewinnung von Hinweisen auf ungenaues Sprechen, ungenaues Hören und daraus resultierende falsche Schreibungen,
b) als Grundlage für individuelle Leistungsbewertung beim Schreiben von Entwicklungsberichten,
c) zur Herstellung eines Transkripts für die systematische Sprachstandsdiagnose.

4. Vom freien Erzählen zum Schreiben einfacher Texte

Die Übertragung freier mündlicher Erzählungen zu Fotos und Bildern in schriftliche Darstellungsformen lässt sich im Rahmen von Projekten binnendifferenziert organisieren, ohne dass den Kindern Grenzen ihrer aktuellen schriftsprachlichen Entwicklung als Lern- und Leistungsproblem bewusst werden. Differenziert wird im Projekt nicht nach Leistungsgruppen, sondern auf der Grundlage der vorliegenden Medien und Materialien.

Welche Kinder beim Verfassen von Fotokommentaren die Tonbandaufnahmen aus der vorherigen Unterrichtssequenz benutzt haben, lässt sich am Ende der Textproduktion nicht mehr feststellen. Damit können alle Kinder auf unterschiedlichen Wegen zielerreichend arbeiten, auch wenn die Klasse sprachlich heterogen zusammengesetzt ist.

Die Texte, die im Rahmen differenzierender Projektsequenzen entstehen, sind gleichzeitig anschauliche Belege für die Notwendigkeit individueller Leistungsbeurteilung. Dazu drei Beispiele:

Abb. 17: Baris untertitelt Fotos in einfachen Hauptsätzen, in denen er ein Satzmuster in der Normalform variiert (Das ist ... Das bin ...).
Abb. 18: Murat konzentriert sich auf die Entstehung des Fotos, das seine Oma zeigt.
Abb. 19: Daniel erinnert sich an den verstorbenen Großvater.

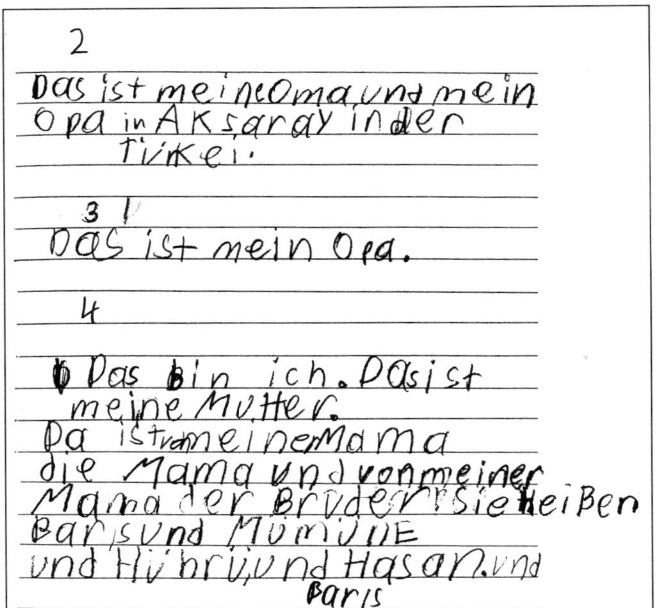
2
Das ist meineOma und mein
Opa in Aksaray in der
Türkei.
3
Das ist mein Opa.
4
Das bin ich. Das ist
meine Mutter.
Da ist meine Mama
die Mama und von meiner
Mama der Bruder sie heißen
Baris und Mümine
und Hübrü und Hasan. und
Baris

Abb. 17: Baris untertitelte Fotos.

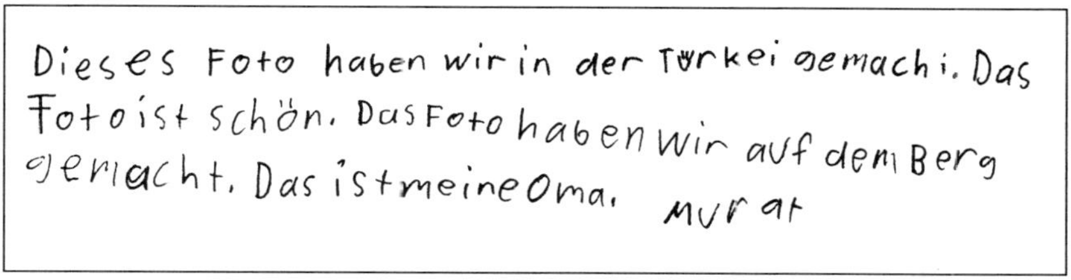
Dieses Foto haben wir in der Türkei gemachi. Das Fotoist schön. DasFoto habenwir auf dem Berg gemacht. Das istmeineOma. Murat

Abb. 18: Murat beschrieb die Entstehung des Fotos, das seine Oma zeigt.

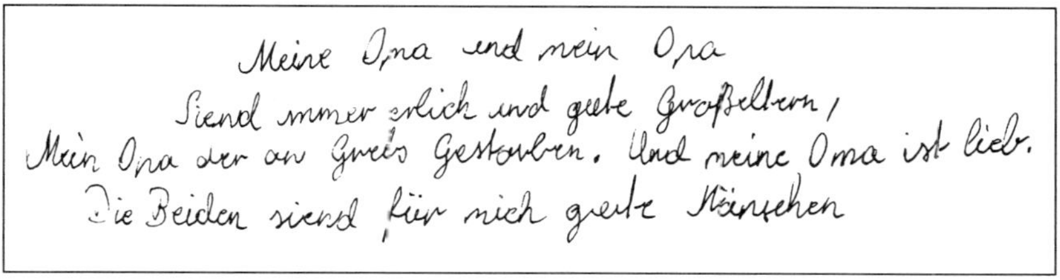
Meine Oma und mein Opa
Siend immer erlich und gute Großeltern,
Mein Opa der an Greis Gestorben. Und meine Oma ist lieb.
Die Beiden siend für mich gute Mänschen

Abb. 19: Daniel erinnerte sich an den verstorbenen Großvater.

- ❑ Die Texte der beiden bilingualen Kinder sind einfach strukturiert. In der Folge vermeiden Murat und Baris auch syntaktische Unsicherheiten und Rechtschreibfehler. Die Lehrerin wird also prüfen müssen, ob die beiden eine Sprachvermeidungsstrategie (Fehlervermeidungsstrategie) anwenden. Dies wäre dann der Fall,wenn sie mündlich bereits komplexere Formen (Nebensatzkonstruktionen, Variationen des Satzbeginns etc.) beherrschen würden, diese aber beim Verfassen schriftlicher Texte nicht anwenden.
- ❑ Im Text von Daniel finden wir eine Reihe von Rechtschreibfehlern. Solche Fehler können entstehen, wenn sich Kinder auf Inhalte (z.B. auf Erinnerungen oder Gefühle) konzentrieren und darüber die sprachliche Form und die Dudennorm vernachlässigen. Hier wird die Lehrerin entscheiden müssen, ob sie den Text unkorrigiert (als persönliche sprachliche Äußerung) in das gemeinsame Großelternbuch aufnehmen oder ob sie Daniel dazu anregen will, bestimmte Wörter seines Textes *(sind, ehrlich, Krebs, Menschen)* zu verbessern (vgl. dazu auch S. 66).

5. Entwicklung von Gesprächs- und Fragestrategien

Die selbstständige Beschaffung von Daten und Informationen über die Großeltern wurde im Projekt durch die Erstellung eines einfachen Fragebogens erleichtert:

„Im weiteren Verlauf der Projektarbeit wurden in Kleingruppen Fragen, bezogen auf Namen, Alter, Geburtsort, Wohnort, Hobbys der Großmutter oder des Großvaters erarbeitet. Die Fragen wurden zusammengetragen und gemeinsam zu einem einfachen Fragebogen zusammengestellt. Jedes Kind hatte nun die Aufgabe ein Großelternteil mit Hilfe des Fragebogens zu befragen und die Antworten schriftlich zu fixieren. Bei einigen Kindern, deren Großeltern nicht erreichbar waren, antworteten Mutter oder Vater stellvertretend für die Großeltern. [...] Die neu gewonnenen Informationen wurden im Stuhlkreis vorgestellt. Fotos und selbst gemalte Bilder für das Großelternbuch wurden von den Kindern ausgewählt und beschriftet, Texte gemeinsam korrigiert und bearbeitet." (SCHUBERT 1995, S. 462)

Solche Fragebögen unterstützen die Kinder bei der gezielten sprachlichen Annäherung an ein Thema ihrer Alltagswelt. Sie schaffen gleichzeitig informelle sprachliche Lernsituationen, in denen Gesprächs- und Fragestrategien entwickelt und geübt werden können: Fragesätze müssen gebildet, passende Fragewörter müssen gefunden, Elemente der Personenbeschreibung (Alter, Geburtsort, Wohnort, Haarfarbe, Größe, Kleidung etc.) müssen zusammengestellt werden. In diesem informellen Zusammenhang werden konventionelle sprachliche Muster und Formen geübt und erweitert, beispielsweise durch Transformation der 2. Person in die 3. Person (Singular):

- Wie heißt **du**? (**Sie** heißt Hacer.)
- Wie alt bist **du**? (**Er** ist 58 Jahre alt.)
- Wo bist **du** geboren? (**Er** ist in Ostpreußen geboren.)
- Wo wohn**st** **du**? (**Sie** wohn**t** in Kalaba in der Türkei.)
- Was sind **deine** Hobbys? (**Ihr** Hobby ist Mensch-ärger-Dich-nicht Spielen.)

6. Texte in Familien- und Zweitsprache

Wir können davon ausgehen, dass die bilingualen Kinder Fragen an Eltern und Großeltern in ihren Familiensprachen formuliert haben, sodass diese Phase des Projekts bei den Kindern Lernen in der Erst- und in der Zweitsprache initiiert hat. Auf dem Umschlagblatt des Großelternbuchs haben die Kinder die Sprachen der Großeltern festgehalten, soweit sie sie beherrschen.

Hallo Opa! Hallo Oma!
Zech Dziadek! Zech Babcia!
Schopreisch Nane! Schopreisch Apuce!
Merhaba Dede! Merhaba Anneanne!

Durch einen einfachen sprachlichen Impuls lenkte die Lehrerin die anschließende Übertragung der Arbeitsergebnisse ins Deutsche. Die Überschrift der Texte lautet: *Mein Opa erzählt: ... Meine Oma erzählt: ...*

In der Folge berichteten die Kinder in der Ichform. Sie übersetzten die Antworten der Großeltern, formulierten also ihren Text aus der Perspektive der Großeltern und versetzten sich damit sprachlich in deren Rolle.

Für Kinder in frühen Erwerbsstadien kann die gemeinsame Bearbeitung der Interviews bei Bedarf durch die Vorgabe von Satzmustern oder durch Lückentexte unterstützt werden, in die sie die für ihre Oma/ihren Opa passenden Zahlen, Adjektive und Nomen einfügen. Dadurch gewinnen auch Kinder, die noch nicht in der Lage sind eigenständig deutsche Texte zu verfassen, Schreibsicherheit.

- Ich heiße ...
- Ich bin ... Jahre alt.
- Ich bin in ... geboren.
- Ich habe ... Kinder. Sie heißen ...
- Ich wohne in ...
- Ich habe schwarze (braune ...) Haare.
- Ich bin ... (Hausfrau/arbeitslos ...)
- Ich bin ... (groß, dick)

Auch Kinder wie Melike oder Karina, deren Großeltern nicht in Deutschland leben, konnten nach diesem Muster einen eigenen Text erstellen (s. Abb. S. 20).

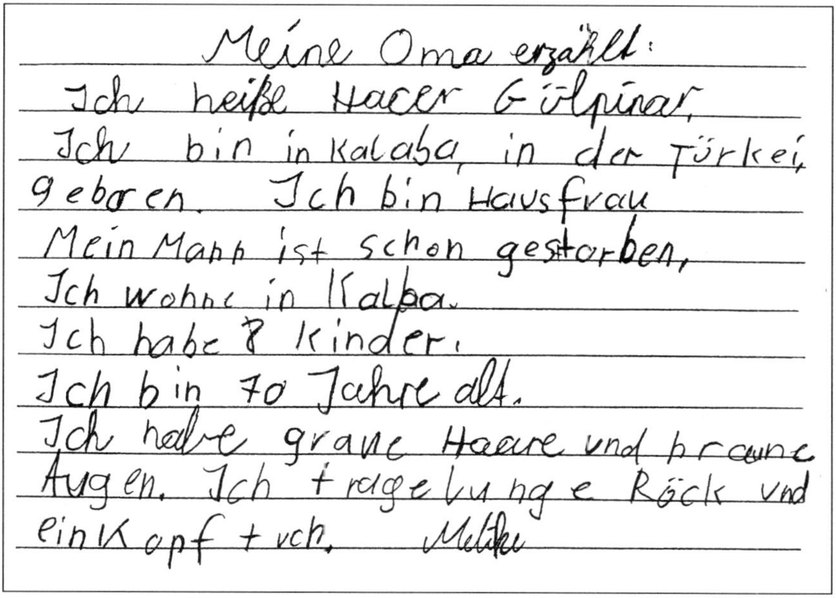
Meine Oma erzählt:
Ich heiße Hacer Gülpinar.
Ich bin in Kalaba, in der Türkei, geboren. Ich bin Hausfrau
Mein Mann ist schon gestorben.
Ich wohne in Kalba.
Ich habe 8 Kinder.
Ich bin 70 Jahre alt.
Ich habe graue Haare und braune Augen. Ich trage lunge Röck und ein Kopftuch. Melike

Abb. 20: Text von Melike (Türkei)

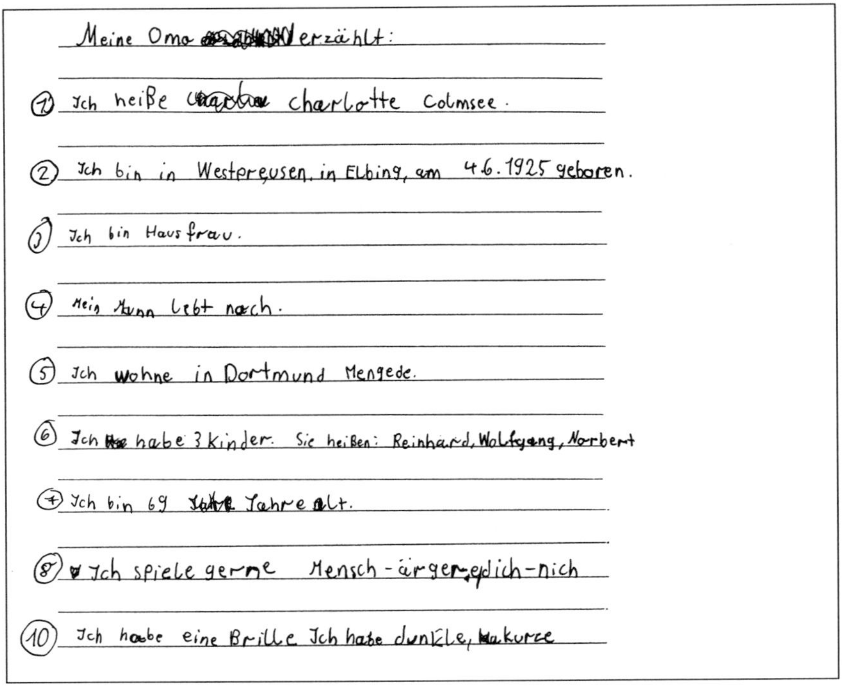

Meine Oma erzählt:

① Ich heiße charlotte Colmsee.

② Ich bin in Westpreusen, in Elbing, am 4.6.1925 geboren.

③ Ich bin Hausfrau.

④ Mein Mann lebt noch.

⑤ Ich wohne in Dortmund Mengede.

⑥ Ich habe 3 kinder. Sie heißen: Reinhard, Wolfgang, Norbert

⑦ Ich bin 69 Jahre alt.

⑧ Ich spiele gerne Mensch-ärger-dich-nich

⑩ Ich habe eine Brille Ich habe dunkle, kurze

Abb. 21: Text von Nadine (Deutschland)

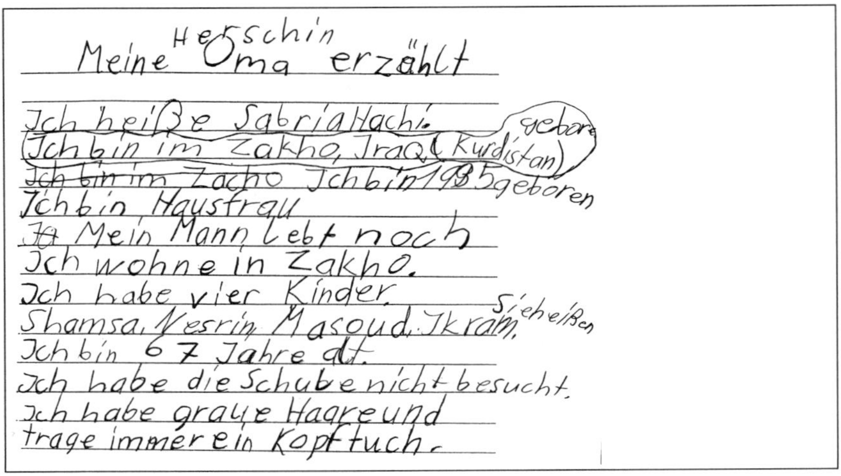

Meine Herschin Oma erzählt

Ich heiße Sabria Hachi.

Ich bin im Zakho, Iraq (Kurdistan) geboren

Ich bin im Zacho Ich bin 1935 geboren

Ich bin Hausfrau

Mein Mann lebt noch

Ich wohne in Zakho.

Ich habe vier Kinder. Sie heißen

Shamsa, Nesrin, Masoud, Ikram.

Ich bin 67 Jahre alt.

Ich habe die Schule nicht besucht.

Ich habe graue Haare und

trage immer ein Kopftuch.

Abb. 22: Text von Herschin (Irak)

Mein Opa erzählt

Ich heiße Dieter Malik

Ich bin am 26 Januar 1941 in Gleiwits,

in Polen, geboren

Ich bin arbeitslos.

Meine Frau ist schon gestorben.

Ich wohne in in Tezizga, in Polen.

Ich habe 2 Kinder

Ich bin 54 Jahre alt.

Ich bin auf die Hauptschule gegangen.

Ich spiele gerne Fußball.

Ich habe schwarse Haare und

schwarse Augen. Ich bin dick.

Abb.23: Text von Karina (Polen)

7. Interviews mit Zeitzeugen als Übung von Kommunikationsstrategien

Mit der Befragung eines deutschen Großelternpaars setzten die Kinder der 2e ihre Projektarbeit fort. Nun ging es nicht mehr um die Mitglieder der eigenen Familie, sondern um die Vorbereitung eines korrekt und höflich geführten Interviews mit fremden Erwachsenen (den Großeltern ihrer Mitschülerin Nadine).

„Nachdem sich eine Großmutter und ein Großvater bereit erklärt hatten in den Unterricht zu kommen, machten sich die Kinder mit großem Eifer daran, Fragen zu formulieren. Ihr Hauptinteresse konzentrierte sich dabei auf die Schulzeit der Großeltern und wir waren überrascht über den Einfallsreichtum der Kinder und den Umfang, den der zusammengetragene Fragenkatalog annahm. Damit sich die einzelnen Fragen besser einprägten, ließen wir diese von den Kindern auf Papierstreifen schreiben und in Partnerarbeit abwechselnd laut vorlesen und auswendig nachsprechen. Großen Spaß bereiteten ihnen die spielerischen Übungen zur Durchführung eines Interviews, insbesondere die Verwendung der Sie-Form bei der Anrede.
Als es endlich so weit war und die Großeltern zu Besuch kamen, hatten die Kinder keinerlei Schwierigkeiten die Interviews selbstständig durchzuführen. Auf Grund des intensiven Übens gelang es auch den sprachlich schwächeren Schülern Fragen zu stellen." (SCHUBERT 1995, S. 462)

Die sprachlichen Übungen, mit denen die Kinder „ihren" jeweiligen Auftritt beim Interview vorbereiteten, waren somit nicht zweckfrei. Es ging darum,

- knappe und präzise Fragen zu finden und aufzuschreiben,
- Formulierungen zu trainieren, die einem Gespräch mit fremden Erwachsenen angemessen sind, z.B. Anreden in der 2. Person Plural,
- laut und deutlich in das Mikrofon zu sprechen, damit die Interviewergebnisse später verschriftet werden konnten.

Abb. 24: Spielerische Übungen zur Vorbereitung von Interviews: Selma übt mit Jovan.

8. Schreiben von Diktaten nach Bandaufnahmen

Gute Tonbandaufnahmen von Interviews erleichtern später nicht nur die ausführliche und genaue Übertragung der Befragungsergebnisse in schriftliche Texte, wie sie hier für das Großelternbuch benötigt wurden (vgl. S. 94 f., Abb. 26 und 27). Eingeführt und geübt werden kann auf diesem Weg gleichzeitig das selbstständige Schreiben von Tonbanddiktaten. Kinder, die an diese Übungsform gewöhnt sind, können selbstständig in der Audiothek oder zu Hause mit Hilfe von Kopfhörern Nachschriften und Diktate üben ohne andere zu stören.

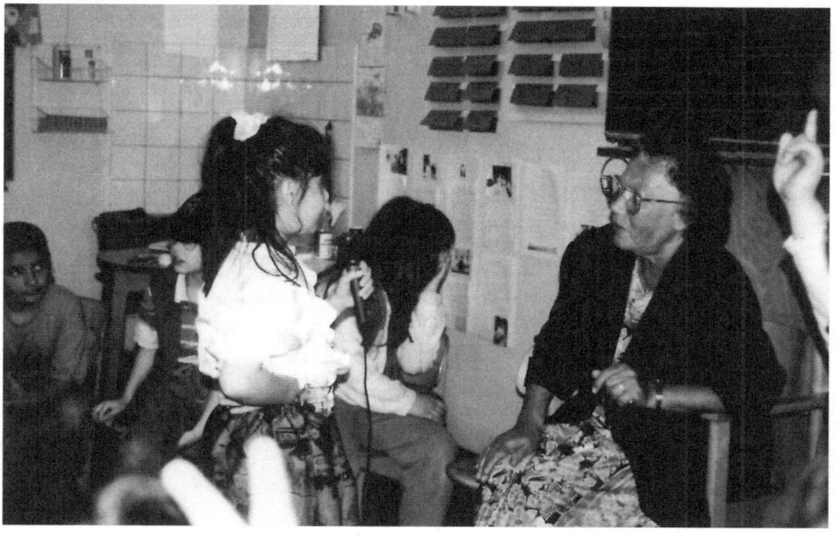

Abb. 25: Nilüfer befragt Nadines Oma und spricht dabei in das Mikrofon.

9. Begriffe klären und sichern auf der Grundlage originaler Begegnung und persönlicher Beziehung

Die ersten beiden Projekteinheiten dienten der Klärung und Systematisierung von Verwandtschaftsbeziehungen. Durch die bewusste Begrenzung des Arbeitsfeldes auf drei Generationen und auf die eigene Kernfamilie blieben die Familienstrukturen für die Kinder überschaubar. Unter *fachsprachlichem Aspekt* wurden folgende Lernziele angestrebt:

1) Die Kinder sollten den Aufbau der Generationenfolge (Kinder – Eltern – Großeltern) schrift-sprachlich bezeichnen können,

2) die Bezeichnungen *Kinder*, *Eltern* und *Großeltern* auf die jeweiligen Mitglieder ihrer eigenen Familie beziehen können,
3) sie in eine grafische Darstellung übertragen können und deren Bezeichnung *(Stammbaum)* kennen.

Fachsprachliche Begriffe, die in unmittelbarem Bezug zur kindlichen Lebenswelt stehen, beziehen sich häufig auf Personen oder Dinge, mit denen das Kind originale Begegnungen oder Erfahrungen verbindet. Solche Begriffe werden in der Zweitsprache in der Regel rasch und sicher gelernt. In solchen kontextualisierten Lernprozessen erwerben und behalten die Kinder selbst ungewöhnliche Lexeme wie *Stammbaum*.

Nadines Großeltern erzählen von ihrer Schulzeit
Nadienes Opa erzählt:
„Ich bin in früheren Ostpreußen – das gehört heute zu
Polen – in die Schule gegangen. Das war im Jahr 1932.
Das war kurz vor dem 2 Weltgrieg. Ich bin in einem Dorf
in die Schule gegangen. Früher waren mehrere Dörfer zusame
gezogen Es gab dann in einem Dorf einer Schule mit einem
Klassenraum. Die Schulbänke waren durchgehend. Wir hatten einen
Lehrer, der an seinem Pult saz in der ersten Bankreihe
saz das 1. Schuljahr, dann dahinter Das 2. Schuljar,
dann gings so bis zum 8. Schuljar. Der Lehrer muzte
alle Schuljare betreuten. In unserer Klasse warn 45 Schüler.
Ich muzte von meinen Dorf 12 bis 15 Km, bis zu Schule
gehen. Auch im Winter. Der Schulweg hat über einer
Stunde gedauert. Wir Kinder vom Dorf gingngen Dann alle
zusammen zur Schule. In der Schule haben alle Kinder
gut gelernt. Fast alle siend gut mitgekommen und aus
allen ist später was geworden. Schiefertafel mit einer
Griffel geschrieben, später gab es denn auch Hefte.
Schülerbücher hatten wir auch. Der Schulunterricht dauert
von 8.00 Uhr bis 14.00 Uhr.

Daniel

Abb. 26: Daniels Text: Nadines Opa erzählt.

Nadines Oma erzählt:
„Wir lebten in der Stadt [redacted]
Elbing. An unserer Schule gabes 8
Klassen. Jedes Kind hatte inder
Klasse eine Bank. Es wurde mit
Tinte geschriben. Jedes Kind
hatte ein Tintenfass und einen
Federhalter. Wir bekamen in
[redacted] jedem Schuljahr [redacted] neue
Lesebücher und Rechen bücher.
Wir waren in unserer Klasse
20 Kinder. Wir bekamen auch
Schläge. Wir haben uns die
[redacted] Stellen dann mit Zwiebel
eingerieben. Das tat dann nichtso
weh. In der Schule haben wir
zuerst mit einem harten Griffel,
dann mit einem Milchgriffel
geschrieben. Zuerst gingen wir
4 Jahre auf die kleine Schule,
dann kamen wir auf die große
Schule. Dorthin mussten wir
45 [redacted] Minuten laufen. Es gab
wohl Busse, aber eine Fahrt kostete
10 Pfenig. Das war zu teuer. Wir
hatten ja nur winig Geld. Wir
waren 20 Kinder zuhause.

Abb. 27: Seyrans Text: Nadines Oma erzählt.

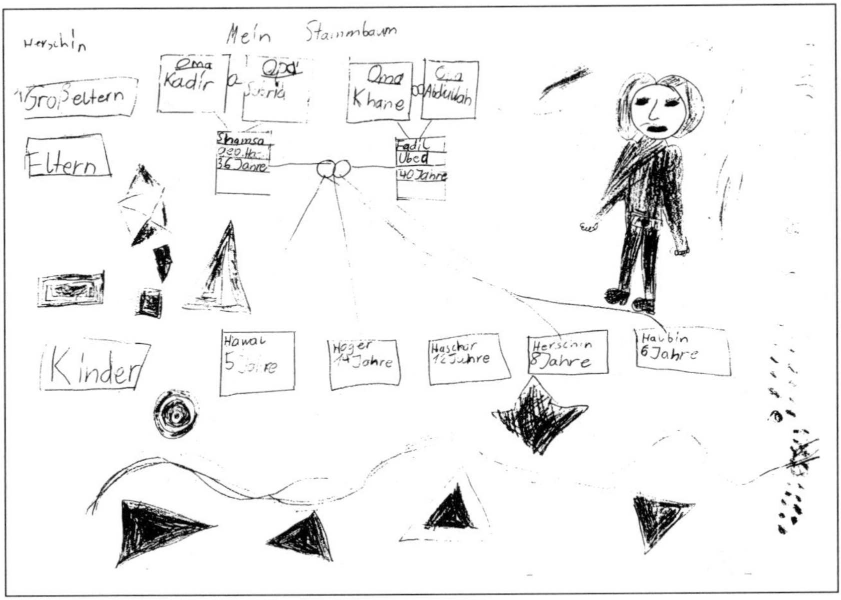

Abb. 28: Herschins Stammbaum

10. Begriffe klären in Real- und Spielsituationen

Begriffsklärung in realen oder der Realität nachgestellten Spielsituationen (sog. *Simulationen*) erfolgte während des Besuchs im Schulmuseum. Dort wurden den Kindern historische Lehr- und Lernmittel gezeigt, die das Verständnis wenig gebräuchlicher (fach-)sprachlicher Bezeichnungen voraussetzten: *Schiefertafel, Milchgriffel, Griffelkasten* und *Schreibfeder.* Diese Lexeme eignen sich später auch für sprachliche Reflexionen über die Zusammensetzung von Nomen (über Stellung und Funktion von Grundwort/Bestimmungswort):

- Griffelkasten (Kasten für Griffel)
- Schreibfeder (Feder zum Schreiben)
- Schiefertafel (Tafel aus Schiefer)
- Milchgriffel (Griffel aus Milch???? Natürlich nicht – wir haben ihn ja gesehen!)

Im Rahmen des Projekts wurden sie vorwiegend für Berichte über die Erlebnisse im Schulmuseum genutzt. Eine Fotodokumentation unterstützte später im Klassenzimmer die Verarbeitung der Museumserlebnisse und -beobachtungen in eigenen Texten.

„Im Schulmuseum wurden die Kinder auf spielerische Weise an den Schulalltag und die vorherrschenden Unterrichtsmethoden zur Zeit der Jahrhundertwende herangeführt. Zunächst hatten sie die Aufgabe in Gruppen ein Puzzle zusammenzufügen und sich gemeinsam mit den darauf abgebildeten Schulsituationen auseinander zu setzen. Im Anschluss daran wurden die damals gebräuchlichen Lernmittel wie Schiefertafel, Griffelkasten, Milchgriffel, Schwamm und Schreibfeder von einem Museumspädagogen praktisch demonstriert. Im Rahmen einer Unterrichtsstunde konnten die Kinder diese Lernmittel dann selbst erproben und die damaligen Unterrichtsmethoden und Lernformen (Sitzordnung, Klassenregeln, Disziplinierung durch den Lehrer) am eigenen Leib erfahren.“ (SCHUBERT 1995, S. 463)

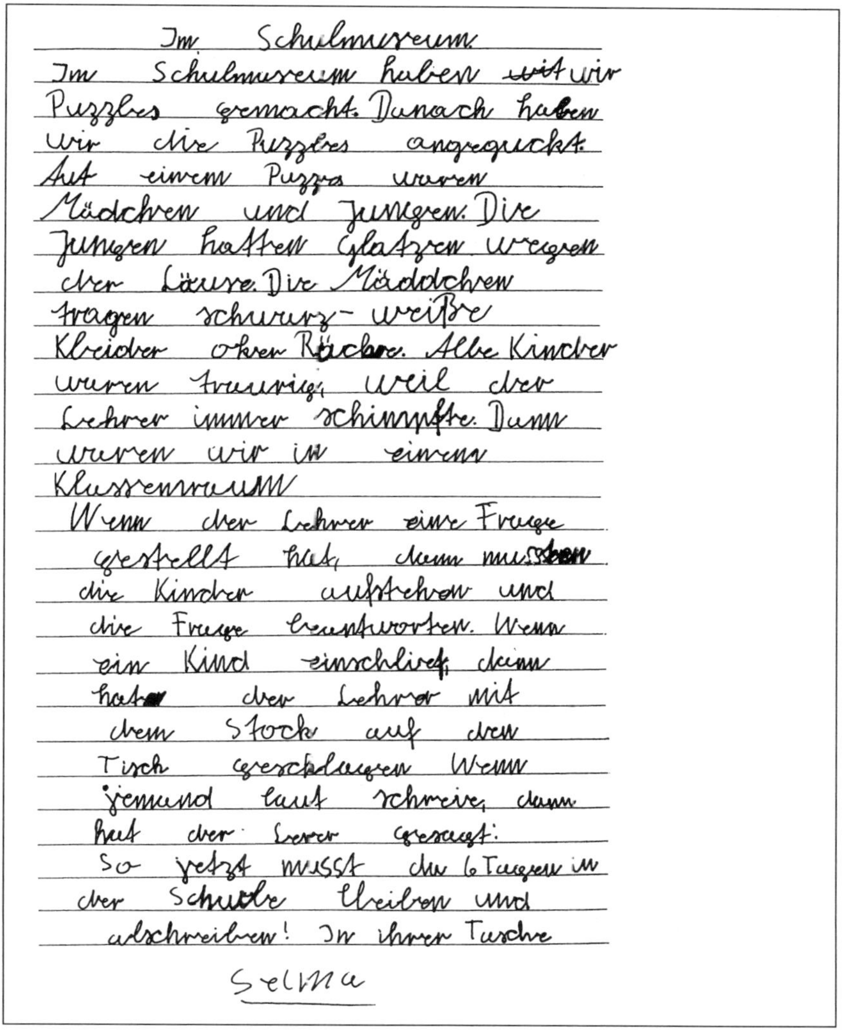
Im Schulmuseum
Im Schulmuseum haben wit wir
Puzzles gemacht. Danach haben
wir die Puzzles angeguckt.
Auf einem Puzzle waren
Mädchen und Jungen. Die
Jungen hatten Glatzen wegen
der Läuse. Die Mädchen
tragen schwarz-weiße
Kleider oder Röcke. Alle Kinder
waren traurig, weil der
Lehrer immer schimpfte. Dann
waren wir in einem
Klassenraum
Wenn der Lehrer eine Frage
gestellt hat, dann mussten
die Kinder aufstehen und
die Frage beantworten. Wenn
ein Kind einschlief, dann
hat der Lehrer mit
dem Stock auf den
Tisch geschlagen Wenn
jemand laut schreie, dann
hat der Lerer gesagt:
So jetzt musst du 6 Tagen in
der Schule bleiben und
abschreiben! In ihrer Tasche
Selma

Abb. 29: Im Schulmuseum: Bericht von Selma

11. Arbeit am Grundwortschatz

Da die Kinder der 2e in Nordrhein-Westfalen in die Schule gehen, kann ihre Klassenlehrerin selbst bestimmen,

a) welche Wörter sie in den Grundwortschatz ihrer Klasse aufnehmen will,
b) ob sie es für angebracht hält, bei der Spracharbeit mit dem Grundwortschatz zwischen Erst- und Zweitsprachlernern zu differenzieren,
c) welche Schwerpunkte sie bei einer Differenzierung zwischen Erst- und Zweitsprachlernern setzen will (s. S. 20 ff.).

Sie kann also auf der Grundlage der Lehrplanempfehlungen frei entscheiden, ob Begriffe, die im Rahmen der Projektarbeit erworben wurden, geeignet sind in den Grundwortschatz der Klasse aufgenommen zu werden.
Im Anschluss an den Besuch des Schulmuseums entstanden eine Reihe von Wort-Bild-Listen und Texte über den Inhalt alter *Schultonnen* (Schultaschen). Wir wählten vier Blätter aus dieser Projektphase aus (vgl. Abb. 30-33) um zu zeigen, wie die Dokumentation für differenzierende Wortschatzarbeit fruchtbar gemacht werden könnte.

- Hatices hat ein fehlerfreies Blatt (Abb. 30) vorgelegt und zu einem Wort (Tafel) sogar den bestimmten Artikel aufgeschrieben. (Während der Arbeit an der Wortschatzkartei sollte darauf geachtet werden, dass sie alle Nomen mit Artikel aufschreibt.)
- Seyrans Blatt (Abb. 31) zeigt, dass die Schülerin Schwierigkeiten mit einer Rechtschreibregel hat (Mitlautverdopplung bzw. -tz- nach geschlossenen Silben/kurz gesprochenem Vokal). Lernwörter, die in ihrem Text zu korrigieren bzw. in korrekter Form zu sichern wären, sind: Tonne, Schwamm, Griffelkasten und Anspitzer.
- Das Blatt von Selma (Abb. 32) weist im Bildkommentar (**„Klasenfotto"**) zwei Fehler auf. Auch hier wird die Regel (Mitlautverdopplung) nach geschlossenem Vokal (Klasse) nicht eingehalten,

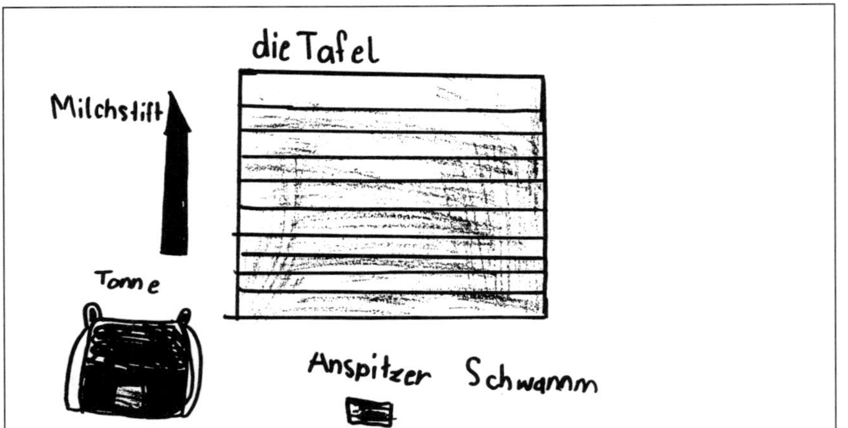

Abb. 30: Hatices Blatt (fehlerfrei/1 Nomen + best. Artikel)

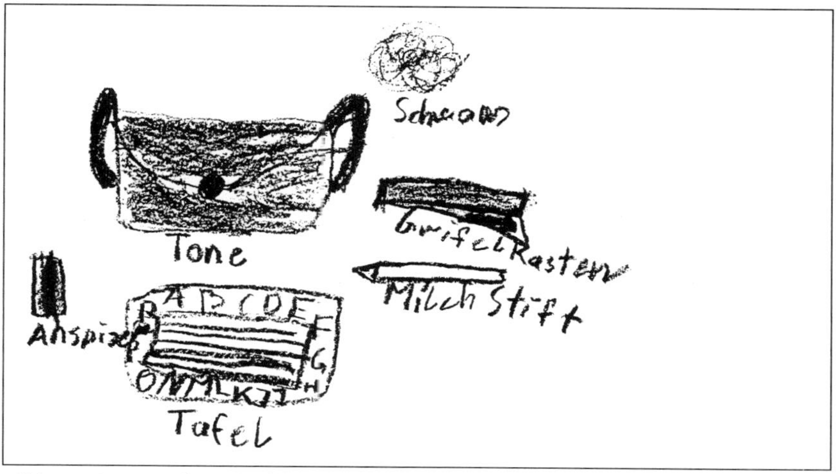

Abb. 31: Seyrans Blatt (4 Fehlerwörter/kein Nomen mit Artikelangabe)

Abb. 32: Selmas Blatt (2 Fehler in einem Wort: „Klasenfotto“)

dafür verdoppelt Selma den Binnenkonsonanten bei „Foto“. In bestimmten Dialekten des Ruhrgebiets wird das „t“ in Foto akzentuiert; dies könnte eine Ursache für Selmas Fehlschreibung sein.

- Der Fließtext, den Cem für das Großelternbuch abgeliefert hat (Abb. 33), ist fehlerfrei. Die korrigierte Passage („**Schwämchen**“) verweist jedoch darauf, dass auch er noch nicht sicher mit den Regeln zur Mitlautverdopplung umgehen kann.

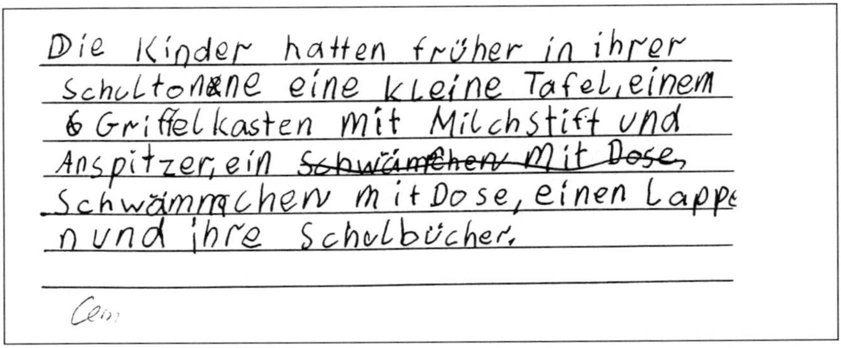
Die Kinder hatten früher in ihrer
Schultonne eine kleine Tafel, einem
Griffelkasten mit Milchstift und
Anspitzer, ein ~~Schwämchen Mit Dose,~~
Schwämmchen mit Dose, einen Lappe
n und ihre Schulbücher.
Cem

Abb. 33: Cems Text (fehlerfrei)

Hat die Lehrerin den Eindruck, dass die Fehler individuelle Rechtschreibprobleme von Seyran und Selma repräsentieren, wird sie die Lernwörter vermutlich nur mit diesen beiden Schülerinnen üben und sie bitten sie in ihren persönlichen Wortschatzkasten aufzunehmen.

Zeigen sich bei mehreren Kindern der Klasse noch Unsicherheiten im Bereich der Mitlautverdopplung, wird sie die Lexeme *Griffel*, *Klasse*, *Schwamm*, *Spitzer* und *Tonne* in den Grundwortschatz der Klasse aufnehmen und dazu weiterführende Übungen anbieten. Daraus ergeben sich folgende Arbeitsschritte (entweder für einzelne Kinder oder für die ganze Klasse):

- ❑ Die Kinder tragen die Lexeme *Griffel*, *Klasse*, *Schwamm*, *Spitzer* und *Tonne* in ihre Wortschatzsammlung (Karteikarte oder Abc-Heft) ein,
- ❑ markieren bei Bedarf die Stelle in der Karteikarte farbig, auf die sie besonders achten müssen (die sie noch nicht sicher beherrschen),
- ❑ üben und sichern die korrekte Schreibung der Lernwörter (im Textzusammenhang des Großelternbuchs, bei Bedarf in speziellen Partner- oder Tonbanddiktaten etc.),
- ❑ lernen den kurzen Vokal in der geschlossenen Silbe zu hören, der im Regelfall die Verdopplung des nachfolgenden Konsonanten anzeigt (die Laut-Buchstaben-Beziehung zu erfassen),
- ❑ suchen nach (Reim-)Wörtern, auf die sich die gefundene Rechtschreibregel übertragen lässt (Tonne/Sonne – Schwamm/Kamm) und unterscheiden durch genaues Hören solche, für die die Regel nicht gilt, weil der Binnenvokal gedehnt gesprochen wird (Griffel/Stiefel). Den leistungsschwächeren (ausländischen) Kindern könnte dazu eine Wortliste angeboten werden, aus der sie auswählen dürfen. Damit ließe sich auch gezielte Wörterbucharbeit verbinden.

12. Begriffe sichern in Bild-Wort-Karteien und Bild-Text-Karteien

In Wortschatzkarteien wird in der Regel nur noch das Schriftbild des Lernwortes festgehalten, in höheren Klassen ergänzend auch Angaben zum Genus, zur Pluralbildung, zu Flexionen etc. Zweitsprachlerner in frühen Erwerbsstadien profitieren beim Aufbau und bei der Sicherung ihres deutschen Wortschatzes jedoch mehr von Wort-Bild-Karteien. Da sich konventionelle Rechtschreibkarteien (wie sie u.a. als Kopiervorlagen von RÜCKEMANN zur Verfügung gestellt wurden) mit geringem Aufwand zu Wort-Bild-Karteien erweitern lassen (z.B. wenn man die Karteikarten als Wendekarten benutzt), sollte dieses Medium genutzt werden, bis das Kind selbst darauf verzichtet. Auf diese Weise wird die Grundwortschatzkartei für Zweitsprachlerner zur Vokabelsammlung.
Für deutsche Kinder und für Zweitsprachlerner in fortgeschrittenen Erwerbsstadien können Bild-Text-Karteien angelegt werden, die – vergleichbar den Kurztexten in Kinderlexika – Begriffe und Gegenstände erläutern (Abb. 34).

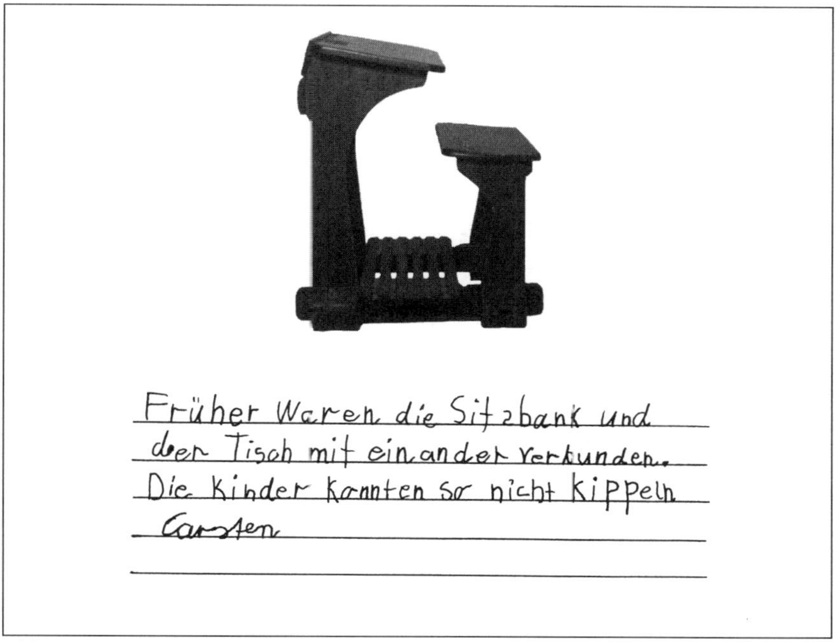

Abb. 34: Carsten erklärt die Funktion einer Sitzbank aus dem Schulmuseum.

13. Weiterführende Wortschatzarbeit

Durch den Besuch im Schulmuseum wurde sichergestellt, dass alle Kinder die Begriffe, die als Lernwörter besonders geübt werden sollten, kennen. Nicht verstehendes Üben kann auf Grund der vorhergehenden originalen Begegnung also weitgehend ausgeschlossen werden. Für Zweitsprachlerner könnte aber ergänzend eine Begriffsklärung notwendig werden, weil *Tonne* als Bezeichnung für Schultasche nicht überall gebräuchlich ist. Begriffliche Klärungen lassen sich auch für Übungen mit zusammengesetzten Nomen nutzen:

- ❏ Mit Bilderrätseln (Leitthema: Was ist in welcher Tonne?) können fachsprachliche Differenzierungen eingeleitet werden.
- ❏ Mit Würfelspielen lassen sich Zufalls-Wortbildungen „werfen".

<table>
<tr><td rowspan="5">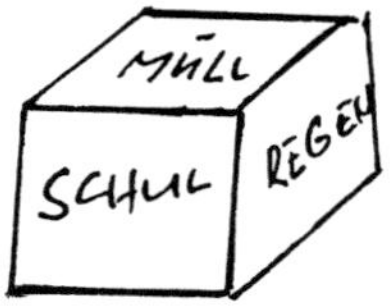
</td><td>Schultonne</td></tr>
<tr><td>Mülltonne/Abfalltonne</td></tr>
<tr><td>Regentonne/Wassertonne</td></tr>
<tr><td>Wäschetonne</td></tr>
<tr><td>1000 Kilogramm ergeben eine Tonne.</td></tr>
</table>

14. „Großelternbücher" aus der Klassenbibliothek

Märchen und Geschichten über Großmütter und -väter gibt es in großer Zahl und in vielen Sprachen. Während der Arbeit am eigenen Großelternbuch können sie auf einem besonderen Brett in der Klassenbibliothek zusammengestellt werden und die Kinder zum stillen Lesen oder zum Erzählen über Bilder und Texte einladen.

Die Projektarbeit am eigenen Großelternbuch kann auch durch eine gemeinsame Klassenlektüre begleitet werden. Das Kinderbuch „Oma" von Peter Härtling wäre in diesem Fall ein geeignetes Vorlesebuch für den Morgenkreis oder zum Tagesabschluss:

Eine zweisprachige Modellklasse (4. Jgst.) hat im Anschluss an die Lektüre von Peter Härtlings „Oma" ein interkulturelles Omaprojekt durchgeführt. Es wurde dokumentiert von Gabriele Pommerin u.a. in: Kreatives Schreiben. Handbuch für den deutschen und interkulturellen Sprachunterricht in den Klassen 1–10. Weinheim (Beltz praxis) 1996, S. 115–120.

15. Resümee: Guter Projektunterricht ist immer auch guter Sprachunterricht

Mit der ausführlichen Analyse des Großeltern-Projekts der 2e wollten wir zeigen, welche sprachlichen Lernanregungen Kinder im Rahmen von Projektarbeit erhalten können, für die Deutsch nicht Erst- und Familiensprache ist. Wir gehen davon aus, dass guter Projektunterricht mit ausländischen und deutschen Kindern stets auch guter (Zweit-)Sprachunterricht ist. Denn...

- deutsche und ausländische Kinder arbeiten an einer gemeinsamen Fragestellung, an einem Projektthema, das sie interessiert. *Deshalb sprechen sie miteinander über dieses Thema,*
- während des Projektes haben sie gemeinsame Erlebnisse, machen gemeinsame Erfahrungen. Sie lernen mit allen Sinnen. *Daraus ergeben sich konkrete Erzähl- und Schreibanlässe,*
- sie tragen miteinander zum Gelingen eines Werks, in unserem Fall eines Buches, bei. Deshalb geben sie sich Mühe beim Verfassen und Gestalten von Texten. Sie werden motiviert, sprachliche Formen und sprachliche Normen zu beachten.
- die Projektarbeit vermittelt ihnen Kontakte zu Personen und Institutionen außerhalb des Klassenzimmers. Sie handeln und kommunizieren in häufig wechselnden sozialen Situationen. *Dabei entwickeln sie Sprachhandlungs- und Kommunikationsstrategien und erweitern ihre hochsprachliche und ihre schriftsprachliche Kompetenz im Deutschen,*
- fächerübergreifende Projektarbeit integriert Elemente des Fach- und des Sprachunterrichts. *Der Erwerb schulischer Fachsprachen wird unterstützt durch Anschauung, praktisches Handeln und Erfahrungen in informellen Lernsituationen.*

In separaten Sprachförderklassen für Ausländer- und Aussiedlerkinder können Projekte keine vergleichbaren Anregungen für sprachliches Lernen vermitteln, weil in diesem Kontext ein zentrales Medium fehlt: Die tägliche Begegnung monolingualer und bilingualer Kinder in der deutschen Regelklasse und damit die Notwendigkeit, sich im Schulalltag konsequent in der gemeinsamen Unterrichtssprache Deutsch zu verständigen.

Literatur

AKG (Arbeitskreis Grundschule – Grundschulverband): Wohnungsnahe Grundschule erhalten. In: Grundschulverband aktuell. Nr. 55 (1996), S. 3-4.

AKPINAR, ÜNAL u.a.: Vertane Chance? Ausländische LehrerInnen in der interkulturellen Erziehung. Weinheim (Beltz praxis) 1989.

APELTAUER, ERNST (HG.): Gesteuerter Zweitspracherwerb. München (Hueber) 1987.

APELTAUER, ERNST: Grundlagen des Erst- und Fremdsprachenunterrichts. Berlin (Langenscheidt) 1997.

APELTAUER, ERNST u.a.: Anfangsunterricht mit ausländischen Kindern. Tübingen (Deutsches Institut für Fernstudien) 1983.

AUGST, GERHARD (Hg.): Kinderwort. Der aktive Kinderwortschatz (kurz vor der Einschulung) nach Sachgebieten geordnet mit einem alphabetischen Register. Frankfurt am Main (Lang) 1985.

BAETENS-BEARDSMORE, H.: Bilingualism. Basic Principles. Clevedon 1982.

BAGIV (Hg): Muttersprachlicher Unterricht in der Bundesrepublik Deutschland. Hamburg (ebv Rissen) 1985.

CLAHSEN, HARALD H./MEISEL, JÜRGEN M./ PIENEMANN, MANFRED: Deutsch als Zweitsprache. Tübingen (Narr) 1983.

DIEHM, ISABELL: Erziehung für die multikulturelle Gesellschaft. Frankfurt am Main (Iko) 1993.

DITTMAR, NORBERT/KUHBERG, HEINZ: Temporale Ausdrucksmittel in der Zweitsprache Deutsch. Ein Vergleich der Lernervarietäten zweier elfjähriger Kinder mit den Ausgangssprachen Polnisch und Türkisch anhand von Longitudinaldaten. Tübingen (Niemeyer) 1988.

FELIX, SASCHA: Psycholinguistische Aspekte des Zweitspracherwerbs. Tübingen (Narr) 1982.

FTHENAKIS, WASSILIOS/SONNER, ADELHEID/THRUL, ROSEMARIE/WALBINER, WALTRAUD: Bilinguale-bikulturelle Entwicklung des Kindes. München (Hueber) 1985.

GLUMPLER, EDITH: Interkulturelles Lernen im Sachunterricht. Bad Heilbrunn (Klinkhardt) 1996.

GLUMPLER, EDITH/SANDFUCHS, UWE u.a.: Lernen mit Aussiedlerkindern. Braunschweig (Westermann) 1992.

KIELHÖFER, BERND/JONEKEIT, SYLVIE: Zweisprachige Kindererziehung. Tübingen (Stauffenberg) 1983.

KLEIN, WOLFGANG: Zweitspracherwerb. Eine Einführung. Königstein (Athenäum) 1984.

KULTUSMINISTERIUM NORDRHEIN-WESTFALEN (Hg.): Richtlinien Sprache Grundschule. Düsseldorf (Ritterbach) 1985. (unv. Nachdruck 1991).

KUPFER-SCHREINER, CLAUDIA: Sprachdidaktik und Sprachentwicklung im Rahmen interkultureller Erziehung. Weinheim (Deutsche Studien Verlag) 1994.

LEOPOLD, WERNER F.: Speech development of a bilingual child: A linguistic record: Evanston, Illinous (Northwestern University Press) 1939-49 (Vol. 1-4).

MAHLER, GERHART/SELZLE, ERICH (Hg:): Lehrplan für die Grundschule in Bayern mit Erläuterungen und Handreichungen. Ein Hand- und Studienbuch für die Grund-schule. Band 1 (1. und 2. Jahrgangsstufe) und Band 2 (3. und 4. Jahrgangsstufe). Donauwörth (Auer) 1982.

NEUNER, GERHARD/SCHADE, ERNST: Lernschwierigkeiten ausländischer Schüler mit dem Wortschatz der Grundschule. Kassel (GhK) 1986.

POMMERIN, GABRIELE, u.a.: Kreatives Schreiben. Handbuch für den deutschen und interkulturellen Sprachunterricht in den Klassen 1-10. Weinheim (Beltz praxis) 1996.

PREGEL, DIETRICH/RICKHEIT, GERT: Der Wortschatz im Grundschulalter. Häufigkeitswörterbuch zum verbalen, substantivischen und adjektivischen Wortgebrauch. Hildesheim (Olms) 1987.

RAMPILLON, UTE: Lerntechniken im Fremdsprachenunterricht. München (Hueber) 1985.

RAMPILLON, UTE: Lerntechniken zur Wortschatzarbeit. In: Fragezeichen H1, 4-12

RIXIUS, NORBERT/THÜRMANN, EIKE: Muttersprachlicher Unterricht für ausländische Kinder. Berlin (Express) 1987.

RUOFF, ARNO: Häufigkeitswörterbuch gesprochene Sprache. Tübingen (Niemeyer) 1990 (2., unv. Auflage).

RÜCKEMANN, SUSANNE: Tägliche Arbeit mit dem Grundwortschatz. Heinsberg (Agentur Dieck) 1991.

SCHUBERT, ELKE: Ein Buch über unsere Großeltern. Ein Projektbericht aus einer multikulturellen Grundschule. In: Sachunterricht und Mathematik in der Primarstufe 23 (1995), Nr. 9, S. 423-426 (Teil 1) und Nr. 10, S. 461-468 (Teil 2).

STEINDL, MICHAEL: Deutsch als Zweitsprache. In: MAHLER, GERHART/SELZLE, Erich (Hg:): Lehrplan für die Grundschule in Bayern mit Erläuterungen und Handreichungen. Ein Hand- und Studienbuch für die Grundschule. Band 1. Donauwörth (Auer) 1982, S. 221–245.

TUMAT, ALFRED A.: Zweitsprache Deutsch. Schwellenwortschatz. Baltmannsweiler (Schneider) 1986.